冯高明 成宗田 编著

班超传
BAN CHAO ZHUAN

陕西新华出版
陕西人民教育出版社
·西安·

图书在版编目（CIP）数据

班超传/冯高明，成宗田编著. -- 西安：陕西人民教育出版社，2025.1. -- ISBN 978-7-5757-0314-7

Ⅰ.K827=342

中国国家版本馆CIP数据核字第20241CG913号

班超传

冯高明　成宗田　编著

出 品 人	李晓明　叶　峰
策划编辑	余　瑶　李怡萱
责任编辑	李怡萱　徐纪厂
书籍设计	张　田
出版发行	陕西人民教育出版社
地　　址	西安市丈八五路58号
邮　　编	710077
经　　销	各地新华书店
印　　刷	陕西金和印务有限公司
开　　本	787毫米×1092毫米　1/16
印　　张	12.5
字　　数	260千字
版　　次	2025年1月第1版
印　　次	2025年1月第1次印刷
书　　号	ISBN 978-7-5757-0314-7
定　　价	68.00元

版权所有·未经许可不得采用任何方式擅自复制或使用本产品任何部分·违者必究
如发现内容质量、印装质量问题，请与本社联系。
联系电话：029-88167836

题 记

  2100多年前，中国汉代的张骞肩负和平友好使命，两次出使中亚，开启了中国同中亚各国友好交往的大门，开辟出一条横贯东西、连接欧亚的丝绸之路。

  我的家乡陕西，就位于古丝绸之路的起点。站在这里，回首历史，我仿佛听到了山间回荡的声声驼铃，看到了大漠飘飞的袅袅孤烟。这一切，让我感到十分亲切。

———习近平2013年9月7日在哈萨克斯坦纳扎尔巴耶夫大学的演讲《弘扬人民友谊 共创美好未来》

2000多年前,我们的先辈筚路蓝缕,穿越草原沙漠,开辟出联通亚欧非的陆上丝绸之路;我们的先辈扬帆远航,穿越惊涛骇浪,闯荡出连接东西方的海上丝绸之路。古丝绸之路打开了各国友好交往的新窗口,书写了人类发展进步的新篇章。中国陕西历史博物馆珍藏的千年"鎏金铜蚕",在印度尼西亚发现的千年沉船"黑石号"等,见证了这段历史。

古丝绸之路绵亘万里,延续千年,积淀了以和平合作、开放包容、互学互鉴、互利共赢为核心的丝路精神。这是人类文明的宝贵遗产。

——和平合作。公元前140多年的中国汉代,一支从长安出发的和平使团,开始打通东方通往西方的道路,完成了"凿空之旅",这就是著名的张骞出使西域。中国唐宋元时期,陆上和海上丝绸之路同步发展,中国、意大利、摩洛哥的旅行家杜环、马可·波罗、伊本·白图泰都在陆上和海上丝绸之路留下了历史印记。15世纪初的明代,中国著名航海家郑和七次远洋航海,留下千古佳话。这些开拓事业之所以名垂青史,是因为使用的不是战马和长矛,而是驼队和善意;依靠的不是坚船和利炮,而是宝船和友谊。一代又一代"丝路人"架起了东西方合作的纽带、和平的桥梁。

习近平:《携手推进"一带一路"建设——在"一带一路"国际合作高峰论坛开幕式的演讲(2017年5月14日)》

前言

2013年9月7日,国家主席习近平在哈萨克斯坦纳扎尔巴耶夫大学发表题为《弘扬人民友谊 共创美好未来》的重要演讲,盛赞中哈传统友好,全面阐述中国对中亚国家睦邻友好合作政策,倡议用创新的合作模式,共同建设"丝绸之路经济带",将其作为一项造福沿途各国人民的大事业。

在这一思想的指导下,2015年3月28日,国家发展改革委、外交部、商务部联合发布了《推动共建丝绸之路经济带和21世纪海上丝绸之路的愿景与行动》(即"一带一路")。

2016年5月21日,中国外交部部长王毅在接受外电采访时说,"一带一路"已初步取得八大成果:一是国际共识日益增强。已有70多个国家和组织表达了支持和参与,超出了传统的

"一带一路"范围,真正形成了具有广泛影响的国际合作框架。同时,34个国家和国际组织与中国签署了共建"一带一路"政府间合作协议,在此基础上,还将进一步形成具体的合作规划。二是金融支撑机制开始发挥作用。亚洲基础设施投资银行2016年年初开业运营,丝路基金首批投资项目正式启动。三是互联互通网络逐步成型。匈塞铁路、雅万高铁陆续开工,中老、中泰等泛亚铁路网开始启动,一批高速公路建设正在推进。四是产能合作加快推进。中国已与20多个国家签署了协议,开展机制化的产能合作,一大批重点项目在各国落地生根。中方设立的各类多双边产能合作基金已超过1000亿美元。五是经济走廊建设取得重要进展。中、蒙、俄三方已就建设经济走廊达成共识,正抓紧编制规划纲要。中巴经济走廊起步早、进展快,已实质性启动一批重大项目建设。六是中欧班列品牌业已形成。中欧班列迄今已成功开行1500多列。仅2015年一年,中欧班列就开行815列,是2014年的2.7倍。国内开行城市已达10个,到达沿线国家7个,常态化运输机制开始形成。七是贸易投资大幅增长。共建"一带一路"国家大多处于工业化、城市化的重要阶段,"一带一路"倡议实施以来,区域贸易和投资增长迅猛,年均增速高于全球平均水平近一倍。2015年,中国企业对"一带一路"相关的49个国家开展了直接投资,投资额共计 150 亿美元。沿线各国都在努力提升贸易投资便利化水平，探讨各种类型的自贸区或一体化进程。八是人文交流更加密切。我们设立了丝绸之路中国政府奖学金，与沿线国家互办文化年、艺术节，实施"丝绸之路影视桥工程"和"丝路书香工程"，"一带一路"人文合作取得了积极成果。丝绸之路联合申遗取得成功，海上丝绸之路联合申遗业已启动。

这一跨越时空的宏伟构想，从历史深处走来，融通古今、连接中外，顺应和平、发展、合作、共赢的时代潮流，承载着丝绸之路沿途各国发展繁荣的梦想，赋予古老丝绸之路以崭新的时代内涵，也使我们愈发怀念和钦佩丝绸之路的开拓者——张骞、傅介子、班超等杰出的先辈们。

目 录

题 记	001
前 言	001
第一章 班门英豪	001
第二章 闯京救兄	008
第三章 投笔从戎	019
第四章 伊吾之战	030
第五章 出征鄯善	047
第六章 火烧匈奴	053
第七章 西域列国	062
第八章 智斩巫师	064

第九章	捉放兜题	070
第十章	耿恭步武	074
第十一章	孤胆英雄	080
第十二章	斗胆抗旨	085
第十三章	胸怀韬略	091
第十四章	坦荡君子	095
第十五章	巧平叛乱	103
第十六章	出奇制胜	114
第十七章	蔑视强敌	121
第十八章	怀柔攻心	127
第十九章	龟兹归汉	135
第二十章	班固罹难	139
第二十一章	一统西域	143
第二十二章	壮心不已	151
第二十三章	遥望大秦	157
第二十四章	叶落归根	165

附　录 ………………………………………… 178

第一章 班门英豪

古老的渭河从甘肃渭源县的鸟鼠山发源,流经天水、关中到今天的陕西潼关县,最后汇入黄河。

渭河造就了关中平原,是关中人的母亲河。它是黄河的最大支流,它南纳秦岭山脉的清流,北容黄土高原的浊浪,积年累月、日日夜夜奔流不息,为中华民族的母亲河——黄河源源不断地输送着新鲜的血液。这里走出了炎帝神农氏、黄帝轩辕氏,他们奠定了华夏民族的根基,孕育了古老的中华文明;这里走出了周文王、周武王,他们灭殷商,建立西周,把华夏文明推向了又一高峰;这里走出了周公姬旦、召公姬奭,他们制礼作乐,铸就了中华文明的核心内涵;这里走出了秦始皇嬴政、汉武帝刘彻，他们旋起了秦汉雄风；这里走出了司马迁，他使世人知道了中华西汉及其之前的历史；这里还走出了"马革裹尸还"的伏波将军马援、"有志者事竟成"的耿弇……啊，名人层出不穷的渭河！

东汉光武帝建武八年（32年），一个寒风凛冽的早上，从右扶风平陵的一条名叫班家谷的沟岔里，传出了响亮的男婴哭叫声。

这个男婴，真是生不逢时。早他出生11个月的哥哥，被母亲用棉被圈拥在这方小小的土炕上，显得没他的容身之地。母亲紧锁的眉头怎么也舒展不开，但他却用一声又一声的强烈呼唤告诉母亲、父亲，还有那被他的哭声吓得也哭起来的哥哥，"我来了"！

一身儒雅之气的父亲班彪放下手边的书稿出了书房。知道又得一子之后，他不由得喜上眉梢。成亲十多年了，为了生计，他西颠陇上河西，东簸京都洛阳，夫妻聚少离多，一直没个一男半女。谁知到了这而立之年，竟然连得两子，真是双喜临门啊！长子得名固，取生命永固之意，这次子来得有点儿早吧！思着想着，他说出了口："这小子就叫'超'吧！"

班家谷旁的一个小小的平台上，坐落着一户宅院，因这里的住户姓班，这条沟便叫班家谷，这处小平台便叫班家台。宅院坐西朝东，西靠高高的土崖，东临潺潺的溪水，早迎晨曦，夕纳晚霞。门前数方田地，屋后几株土槐，一声犬吠，满沟鸟鸣，好一派田园风光。

这条溪水叫沣河。它流过班家谷，在班家台的对面打了一个大转弯。转弯处南侧自然耸立起一座黄土堆积成的山峰，名曰"飞凤山"。关于这座山，还有一个美丽的传说。

传说天帝最小的女儿留恋人间美景。一日，她偷偷化作凤凰，翱翔在美丽富饶的渭北平原，忽见沣水转弯处溪流潺潺、鱼儿嬉戏、花儿鲜艳、美不胜收，不免俯首引颈，饱饮溪水。天帝闻之，喝令速回。谁知小女抗旨，不愿离去，便化为一座两翼后展、引颈探水状的山峰，陪伴着班家谷和那儿的黎民百姓。

一方水土养一方人。在这飞凤山下，班固、班超兄弟长大了。二人与各自的名字有些相配：固好静而超好动。当哥哥班固随父亲读书、学父亲习字的时候，弟弟班超却下河摸鱼，登崖摘枣。哥哥班固九岁就能吟诗，而弟弟班超虽不如哥哥才思慧敏，却能一口说出哥哥的诗意。班固每天学业之余随父亲出入，帮父亲磨墨、涮笔、洗砚台、整理书稿，而班超学业之余则随母亲劳作，牧羊、喂鸡、放鸭子、捡拾柴火。不同的习性，使得哥哥班固越来越文静儒雅，而弟弟班超则显得豪迈大方。面相上，哥哥眉清目秀、温文尔雅，而弟弟虎头虎脑、浓眉大眼。体格上，弟弟班超更加健壮结实。兄弟俩摔跤，弟弟常把

哥哥摔倒在场院里。兄弟二人年过十五岁，父亲就把长子班固送往都城洛阳的太学①读书。班固只要回家，就把在太学里学到的知识教授给班超，把太学里发生的故事讲给班超听，使班超的学识与兄同进。虽然在通古博今方面，班超比班固显得略逊一筹，但他却对兵法战阵、域外风情更感兴趣。

哥哥班固在太学进修，可谓学富五车，兄弟二人在一起时，最爱读的是《公羊传》。哥哥常把自己的体会讲给弟弟听。哥哥总是从历史的角度去讲，而弟弟却总是从理论的角度去听。起初，哥哥以史学的角度娓娓道来。后来，弟弟竟从理论的角度能讲得滔滔不绝。兄弟俩齐头并进，相得益彰。

《公羊传》是重要的历史著作，简明扼要，重视释史，既有历史材料，又有理论分析，很能启发人的思想，增长人的见识。班超最喜欢研读《公羊传》，这对其思想产生了很大的影响。

就在兄弟俩十三岁那年，也就是汉光武帝建武二十一年(45年)，母亲给他们生了一个可爱的小妹妹，父亲给她起名班昭。班彪四十三岁得千金，爱如掌上明珠，每日里将小班昭从书房里抱出抱进。小班昭一旦哭闹，父亲的书本笔砚就是她的玩具。小班昭大概受书籍的熏陶，一拿起这些特殊的玩具便爱不释手，很讨父亲的喜爱。而班固、班超小时候可没妹妹这样

---

①太学是汉代设在京师的全国最高教育机构。太学不但为朝廷培养了大批官员和有识之士，而且在传播文化方面也发挥了重要的作用。

的待遇。他俩未经父亲允许，不敢踏入父亲书房半步。

日子虽然清苦，但远离官场，在这宁静的乡野，班彪完全沉溺于史海之中，又有两个好学上进的儿子，一个文雅好习史学，一个豪放好演兵法，加上一个讨人喜爱的小女儿，真是其乐融融。大概在班昭五岁的时候，朝廷诏命班彪为望都长，班彪不得不带着妻子儿女离开久居的老家前去赴职。

上任以后，班彪整日里忙于公务，修史的担子不得不放在一边。可喜的是，长子已经开始潜心钻研史学，可以助自己一臂之力。到后来，班彪旧病复发，不得不把修史的重担分给班固。班超仍是豪放不羁，喜欢钻研兵法。一本《孙子兵法》，他可以背得滚瓜烂熟。而正是《公羊传》所宣扬的"大一统"思想和《孙子兵法》"以智取胜"的理论，对班超以后的人生产生了深远的影响。此时，兄弟俩年轻气盛，理想远大。著书立说，是班固的人生目标。作为兄长，他已经找到了自己的发展方向和人生定位。但年复一年，时光飞逝，班超的人生理想却还没有树立。

汉光武帝建武三十年（54年），班彪病入膏肓。弥留之际，他把妻子儿女叫到病榻前，有气无力地嘱托了三件事：第一件事，自己所写的《史记后传》并未把新莽[①]及以前的历史写完整，感到遗憾。第二件事，要儿女们想尽一切办法，上奏朝廷：

[①]指王莽或王莽建立的新朝。

西域是个好地方,要加强与西域的交流。可通往西域的路途已经关闭多年了,这对汉朝来说是一个不可估量的损失。第三件事,他告诉老妻,落叶归根,故乡关中扶风多么美好,渭北平原,龙脉深厚,那可是埋葬皇帝的地方……

汉光武帝建武三十年(54年),班超二十二岁时,父亲班彪在望都病逝。父亲去世之后,家庭生计陷入困境。班固只好离开太学,同班超和其他家人一起回到了老家班家谷守孝①。班固、班超、班昭兄妹经过七七四十九天的丧仪劳顿,完成了父亲的第三个嘱托,总算让父亲的灵柩入土为安。

办完丧事,面对父亲留下的书稿,班固想起了父亲临终前的遗言。父亲当时的眼神和语气使班固陷入沉思:先辈司马迁正是不负其父司马谈的重托,忍辱负重,终于在司马谈的基础上,完成了历史巨著《史记》。时间证明了司马迁的伟大和不朽。我班固如果也效仿司马迁,继承父志,完成一部《史记》之后的传世史册,死也可瞑目了。班彪去世时,已经完成了《史记后传》一百六十余篇。班固翻阅着亡父的遗稿,不由得发出无限的感慨:父亲前半生奔波西东,后半生拖着病躯,竟著成这般厚重的书稿!我班固生长于温馨之家,现在年富力强,继承父业有何不可!

---

①汉人讲求的是守孝尽孝、居丧尽礼。关中周原隶属周秦汉京畿之地,更是注重葬礼。所以,关中的葬礼是复杂的,要经过招魂、沐浴、小殓、大殓、铭旌、出殡、发引、祭灵、挽歌、墓祭、七祭等流程。

班彪一生秉性清高，先是漂泊辗转，后来虽有公职，但多是些俸禄微薄的差事。虽偶有谋得美差的机会，但他常因病而隐居乡间，远离宦海而致力于修史。生前除了自编自写的书稿外，他并未给妻儿留下什么值钱的遗产。班固及一家人，扶柩归乡安葬父亲后居家守孝，家里积蓄所剩无几。一家人仅能维持基本温饱。作为长子，班固只能离开太学，承担起赡养寡母、教养弟妹的责任。而此时，有消息传来，他在太学里的同学，许多已经进入仕途，达官显贵亦有之。于是，班固写了《幽通赋》来表明自己的心志，即一定要保持祖先高尚的品德，做济天下之贤臣。

班固因沉思而感慨，将感慨化作践行的动力，动起笔来，对父亲的遗著《史记后传》进行修改，想使它更加全面、充实一些。

母亲舍不得食用家里的清油，省下来给儿子班固点灯照明；妹妹自觉担负起给长兄磨墨、涮笔、洗砚台的任务；而班超则是自觉担负起一家人的生活重担。他将老家的田产租佃出去；庄郭近田，则自己亲自劳作，妹妹也帮着母亲做一些简单的女红。但受家风的熏陶和兄长的示范影响，班超、班昭在劳作之余仍手不释卷，也尽力帮助哥哥来完成父亲嘱托的大业。

班氏一家人平静的生活就这样年复一年、日复一日地过着。班固将父亲留下的《史记后传》修改定稿，在此基础上，他又笔耕不辍，增创新的内容，于是新的一部史书。《汉书》初具规模。

第二章 闯京救兄

真是天有不测风云,人有旦夕祸福。汉明帝永平五年(62年),班超二十九岁时,有人向汉明帝告发班固私修国史,其心可诛,其行可杀。

汉明帝果然龙颜大怒。一国之史,千古流传,修史,必须由朝廷设立的专门机构进行,必须字斟句酌、事事考究,岂能任由一个民间儒生随意修订!明帝一道圣旨,下达京兆尹。很快,班固就被抓了起来,关进大狱。同时,作为罪证,家里的书籍、书稿,全部被官府查抄。班固乃右扶风人氏,本应关进扶风牢狱,却转入京兆尹的大狱,可见事态之严重。

班固老娘以泪洗面，向来性情豁达的班超，此时也如坐针毡。他生怕大哥受到严刑拷打，更怕大哥被处死。面对这突如其来的巨大变故，班氏全族惶惶不可终日，甚至互相埋怨。是的，不难理解，班固惹出这等大祸，谁也不想面对，谁也担当不起。

班超逐渐冷静了下来。祸是大哥惹的，这谁都不能怨；罪是皇上定的，能救大哥一命的，唯有皇上一人。同时，他觉得若机械地按律条来处理，哥哥班固确实触犯了国法，但哥哥和爸爸续修《史记》只是觉得《史记》不够详尽，尤其汉武帝太初以后"阙而不录"。修史明鉴，有利于江山社稷，于己并无半点私利。只要向皇上说明事理，事情肯定会有转机。想到这里，关中汉子的血性让他决不退缩。他认定，自己必须去救兄长。

此时的班超已届而立之年，人高马大，脖粗脸方，典型的一副关中汉子的长相。只见他双目圆瞪，眼神似火焰喷发，顾不得娘亲和族人的劝阻，毫不犹豫地飞身上马，风驰电掣般向京都洛阳方向飞奔而去。

骏马沿着官路（驿道）飞奔着，茂陵一晃而过，那里安葬着汉武帝刘彻、大司马骠骑将军冠军景桓侯霍去病、大司马大将军长平烈侯卫青……这些都是班超心中的英雄、偶像。班超顾不得这些，一个劲儿地策马向东再向东。落魄苍凉的咸阳城、残破中仍显壮观的长安城一晃而过，高大巍峨的秦皇陵、风景

秀丽的骊山一晃而过……真是"骏马似风飙，鸣鞭出渭桥"。一马平川的关中渭河平原上，班超胯下的骏马任性驰骋。到了函谷关，班超进餐马加料，草草休息了一下，又扬鞭策马趱程飞奔。他听到了滔滔黄河的咆哮声，却无心绕道去观赏黄河的壮观雄姿。班超无心顾及这些，一门心思地奔向京都洛阳。

马背上，班超一边扬鞭，一边谋划着两件大事。一是构思好一篇精妙辩给的奏章。他想：听说当今的皇帝是位明君，善于明察秋毫，若先以字引皇上悦目，再以因果论理让皇上赏心，或可为大哥申冤；二是如何将为大哥申冤的奏章呈给皇上。

他想到了班家的世交窦家。听说当年窦融听了父亲班彪的劝言才归附了汉光武帝刘秀。

窦融有个叫窦固的侄子，是他的兄弟窦友之子，因娶光武帝刘秀之女涅阳公主而被任命为黄门侍郎。他好读书，喜兵法，承袭父亲显亲侯爵位，曾任中郎将，此人定可接近皇上。转呈奏章一事，非他莫属。从这不难看出，班超不但胆大而且心细，真乃豪杰英才。

班超日夜兼程，不久，便隐隐约约看见了雄伟壮观的洛阳城。洛阳城坐落在洛河北岸，巍峨的城墙由夯土筑成，犹如战士的铠甲，令人望而生畏；城墙上面的女墙似虎牙凸凹交错，箭口似狼眼寒气逼人；愈近愈感受到它的壮观，雄赳赳的城楼、阴森森的箭楼、气昂昂的角楼，无不显现着皇城的威严；城墙内冒出的楼顶鳞次栉比，一派堂皇之气……来到大西门前，班超骑在马上仰望城楼，只见城楼门洞上方雕刻着"西望雍州"四个苍劲有力的大字。他想，这门肯定就是哥哥常说的洛阳雍门了。再往上看，班超就得身子不断地向后仰。飞檐翘甍直插云端，庑顶碧瓦接天映日，五色斗拱勾心，彩绘龙凤斗角……难怪高祖当年赞叹曰："吾行天下，独见洛阳与是耳！"此时的班超，无心欣赏这满目的胜景，只惦记着身陷囹圄的兄长，双腿一夹，坐骑便扬起了四蹄。马到门洞口，只听守城卫士一声大吼："下马！"班超方知这是皇家都城，不是家乡的小县城，不可说进就进。他下了马，穿过城门洞，来到一个四四方方的小城内。噢，班超想起哥哥说过，皇都城门内有一个叫"瓮城"的地方，这里肯定就是瓮城。环顾四周，仅皇都的一个瓮城，班家谷上下数百口人住都绰绰有余。

进了洛阳城，一打听得知洛阳有二十四街，前后左右望不见尽头；大街小巷就像家乡农人"丢方"画的棋盘，纵横交错；亭台楼阁鳞次栉比，错落有致；沿街店铺家家木刻门面，户户雕梁画栋。

班超东折西拐一路打听，终于找到了窦府，因为是公主的府宅，所以显得玲珑秀气，透过高大的院墙和门洞，里面竟有亭台楼阁，小桥流水，奇木修竹。班超见到了窦固，说明来由。不愧为世交，窦固爽快答应，并立即携上奏本动身前赴皇宫，面呈皇帝。

在窦府,班超不停地踱着步子,下人送来的茶水点心他无心品尝;世嫂涅阳公主的问候他也无心应答。他不停地思量,自己是不是有点儿鲁莽?向皇上呈奏本,那是朝臣言官们的事儿,自己一介草民,真是胆大包天。转而又想,自己一心救兄,没想这么多。再说,汉明帝若真是有道明君,明察秋毫,或许……现在说什么都不起作用了,但愿……想到这里,班超自觉要坚定信心,感到心里有一股"精诚所至,金石为开"的信念萦绕着。

窦固到了皇宫,觐见明帝刘庄,行罢君臣之礼,即开言:"今有徐县令班彪之次子班超,千里送来奏章,以求圣主开恩,赦免其兄太学生班固私修国史不死。"明帝刘庄一听到"私修国史"四字,气不打一处来,但碍于窦班两家的世交和刘窦两家的姻亲,只得不情愿地展开奏章御览。不看不要紧,一看则难释手。他先是被班超的遒劲字迹所吸引,笔画间绵里藏针,既有阴柔之韵,又有阳刚之气。细读下去,叙事清晰,说理透彻,推理缜密,滴水不漏。不说真实的案由如何,就这篇奏章文本,绝对是一例朝廷文案范本。看完奏章,刘庄立即令贴身宦官前去窦府召班超进宫。

班超在窦府中惴惴不安。他深知,平民呈奏皇上,危机四伏,自己大有同大哥一起下狱的可能,但他为了救兄一命,只能一搏。父不在,兄是天,天塌了,要我班超有何用?

班超在皇帝贴身宦官的引导下来到北宫的德阳殿。呵!好一个豪华的德阳殿!殿外、殿顶紫甍碧瓦,檐下密斗云栱,赤墀玉栏石阶,明堂雕梁画栋,令人眼花缭乱;殿内,菱花格纹的窗棂,云龙浮雕的门扉,金砖①铺就的地面,一片金碧辉煌。两排云龙图案的巨柱中间,设九龙金漆宝座,宝座前则摆放着象征国家安定和皇权稳固的"宝象",以及象征江山千秋永固和皇帝万岁的"仙鹤"。这一切,再加上文武百官,早就令常人望而却步了。

此时的班超抱着置之死地而后生的心态紧随带路宦官缓步而入,进门远远就看见汉明帝正襟危坐。班超在宦官的指点下,向宝座上的皇帝行了大礼。当他跪地抬头面对汉明帝时,竟然毫无惊惧之色,他将父亲著述与兄长续修国史的前因后果详细道明,不卑不亢,据理实言。他流畅的表达、严密的推理和强大的自信,震惊了明帝和群臣。班超虽已言罢,但其浑厚具有穿透力的声音仍然回旋在大殿的楹梁之间。特别是站在一旁的中郎将窦固,在班超上奏呈言期间,不住地点头赞同,他非常欣赏班超这种大将之风,认为此人将来一定能大有作为,会成为难能可贵的栋梁之材。

---

① 金砖不是黄金制成,是一种特制的地板陶砖。

汉明帝不愧为能明察秋毫的有道明君。他听完班超的陈述后，既未肯定也未否定，他在等待班固私修国史的书稿。当驿官将书稿运到洛阳以后，汉明帝马上亲自审阅，不看则已，一看竟然沉迷其中，爱不释手。他觉得班固文风醇正、辞章典雅、行文工整、用词凝练、论述严谨、事备详赡，有别于前辈司马迁文风的直锐，有别于其父班彪文风的委婉，真乃好史笔也！这样的人才，朝廷不用实属可惜，应该给他更充足优厚的条件，让他专心著史，以使汉室功德流芳千古。于是，汉明帝立即命人将班固释放，诏入京城，聘他到校书部担任兰台令史一职。

汉朝时，皇宫内设有藏书的石室以及作为中央档案典籍库兰台，兰台由御史中丞管辖，置"兰台令史"，史官在此修史。班固做了兰台令史以后，家乡人便把"班家台"又称为"班兰台"。

班超临危舍命救兄，班固因祸得福，兄弟俩终于在洛阳城里的窦府见面了。哥哥受苦憔悴、弟弟受累憔悴，两双眼睛泪如泉涌。兄弟俩顾不得窦门一家老小在场，相向猛扑上去，相拥在一起，泣诉衷肠，久久不愿松手。激动无比的班超，竟然把哥哥抱起来就地转了一圈。下人们好不容易将兄弟俩劝开，哥哥班固仍旧不断地扼腕顿足，长吁短叹，啜泣不止；弟弟班超在劝慰哥哥的同时，自己却也情不自禁地泪流满面。此情此景，使得一旁性情刚毅、久经沙场的将军窦固和贵为公主的窦夫人也潸然泪下。

兰台内的典藏十分丰富,包括皇帝诏令、臣下奏章、朝廷重要律令、疆域图和郡县簿籍等。班固的官职虽小,却可以随心所欲地翻阅朝廷典藏的所有资料,这使班固有了英雄用武之地,他乐此不疲。

班固非常感激汉明帝的恩德,也非常感激弟弟班超舍命相救。为报皇恩,为报弟德,在撰写国史之余,班固与前睢阳令陈宗、长陵令尹敏和司隶从事孟异合作,写成了当代史传记《世祖纪》,讴歌汉光武帝的丰功伟绩。汉明帝知道了以后,圣目御览,龙颜大悦,更对班固的为人和学识喜爱有加,于汉明帝永平五年(62年),升班固为校书郎,全面主管兰台秘书典校工作。

班超千里奔驰伏阙直陈,不但救兄一命,还使兄长班固步入仕途,自己一颗悬于喉咙的心总算放了下来。班超本急于返回老家,把喜讯告诉母亲及其他家人,可窦固却执意要班超在京城多住几日,毕竟来一趟不易呀!好意难却,班超只得在洛阳留住了几日。闲暇之余,班超在洛阳城内外细看了一番后发现,这京都洛阳,北临黄河,南有嵩山,东有虎牢、成皋,西控函谷,真是河山拱卫,有险可守,形甲天下,龙形虎势;宜耕宜种,物产丰富,宜居宜城;水源丰富,漕运便利。特别是北郊的邙山,东西绵延三百里,犹如一条长龙横卧在城北,是

一道天然屏障。邙山峰峦起伏，风光绮丽，树木葱茏，苍翠如云。相传老子曾在此炼丹，孔子曾在此问道。傍晚时分，暮色苍茫，华灯初上，云烟缥缈。人们站在峰顶远望，但见群峦起伏，山川秀美，城郭巍峨，宫殿宏丽，顿觉心旷神怡，真乃人间仙境。朝前看，汉光武帝的陵园清晰可见。若自己百年之后能埋在这儿，该有多么荣幸。四下遥望，这里是关东通往关中的要道，又是天下之中，交通四通八达，北可抵燕赵，东南可达吴会，南到荆襄，西通三辅、巴蜀，洛阳地处中原，得中原者得天下，难怪光武帝择都于此，真乃帝王之宅也。班超觉得，自己年届而立，窝在班家谷何时才有出头之日？要想实现自己的人生抱负，何不来此寻找展示才华、实现理想之途？想到这里，父亲临终前那种期望又无奈的表情又一次浮现在班超的眼前。班超暗暗做出决定，要立即返回老家，带上一家人到洛阳安身。主意一定，班超立即向窦固将军和哥哥班固告别，动身返回班家谷。

　　班超为哥哥创造了生机，冥冥之中，他也觉得自己闯天下的时机到了。他回到家乡，把喜讯告诉母亲、妹妹和族人，大家喜不自胜。待妹妹班昭出嫁后，班超遂变卖家中田产，带着母亲及其他家人投奔哥哥而去。但他万万没有想到，京都虽然繁华，但物价高得出奇，哥哥做校书郎的微薄俸禄，很难维持一家人的生活。班超来到洛阳后，班固就四处为弟弟谋职。但天子脚下，难求一官半职。班氏全家一门老小几十口人的生活陷入困境。班超不忍心看到哥哥和母亲为此而煎熬，只好暂听大哥安排，靠大哥的面子，往来于各个衙门之间接受官府雇佣，从事抄写公文的工作，即"为官佣书"，挣得一星半点的钱财，补贴家用。

班超长时间做刀笔吏的郁闷和对战事的关注，终于有一日爆发了。一天，班超和一帮抄写匠正在埋头干活儿，室内只有刷刷的走笔声和哗哗的翻书声。班超正在订正汉匈战争的有关文献，翻着看着，班超突然将手中的墨笔猛地一掷，站起身叹息道："大丈夫无它志略，犹当效张骞、傅介子立功异域，以取封侯，安能久事笔砚间乎？"周围或埋头抄写或低头打盹儿的同仁听到声响，先是一惊，等醒过神来后便哄堂大笑，有的仰天，有的捧腹，大笑班超一介书生痴人说梦。班超一不责怪二不反驳，只说了一句"小子安知壮士志哉"，便迈步走出了兰台校书阁。班超当年大概也未料到，他这一掷，竟掷出了一个"投笔从戎"的千古绝唱。

一天，班超见路边有一相师，白发银须，便上前求相。相师曰："祭酒，布衣诸生耳，而当封侯万里之外。"班超不解，问："何也？"相师指点道："生燕颔、虎颈，飞而食肉，此万里侯相也。"相师的一番言语更加坚定了班超从军赴西域，誓灭匈奴立奇功的决心和信心。

班超传

　　班固被汉明帝任命为郎官之后,官阶虽低,但与明帝见面的机会增多了。班固文才显露,得到汉明帝越来越多的赏识。有一次,班固与汉明帝谈话,汉明帝突然问起为救班固而飞马洛阳冒险上书的班超,明帝非常欣赏班超的勇气和辩才,觉得班超也是朝廷的可用大才,便也授予班超为兰台令史。至此,班超才迈出了实现自己人生奋斗目标的第一步,而这一步,他经历了漫长岁月。

第三章 投笔从戎

在历史上,洛阳长期处于中国政治、经济、文化的中心位置。而班固、班超兄弟俩及一家老小就生活在洛阳这个繁华的大都市里。哥哥班固在这里找到了他的用武之地,而弟弟班超却觉得,都市虽大,却并未容下他:一是现在自己的身份低微;二是自己从小就有驰骋疆场、报国立业的宏愿,他的一腔热血无处挥洒。

班超被皇帝任命为兰台令史,告别了"为官佣书"职无定所的生活,但每日里仍是抄抄写写的工作。虽然工作量不是很大,但不容出错,必须有细心和耐心,与班超"不修细节"的个性很不合拍。还好，班超文笔不错，也深受汉明帝赏识，如果平平庸庸地混下去，也许能混得个眉目，混得个更为实惠、更能得利的官职。

夜幕低垂，星光闪烁，凉风习习。一个春风如醉的夜晚，到处萦绕着宁静浪漫的温馨气息。班超仰望着星空，思绪飘移到遥远的西域，何时才能完成父亲临终前的嘱托？回想来洛阳之后为数不多的赴宴，觥筹交错，灯红酒绿，其乐融融，席间的欢声笑语时时在耳畔回响。这种庸俗的"幸福"，不是班超的人生追求。班超若不是苦于生计，真不愿意这样混日子。可他一个卑微小吏，又有什么办法呢？班超闲暇时一闭上眼睛，父亲临终前那期许的容颜就浮现出来，父亲的谆谆嘱托就回响在耳旁。哥哥和自己皆为史官，长期的耳濡目染，让班超对于汉朝与匈奴之间的战争耳熟能详。平时，他最关注的仍是汉匈之间的战事。他用这种转移关注的办法，从战争的记述中求得解脱。

此时的班超年龄已是小四十，他虽是一身儒生打扮，但那种豪放不羁的性格，还是隐藏不住的。他走起路来，总是昂着头，下巴高高翘起，像时刻要起飞的雄鹰；粗壮的脖颈，暴突的青筋，若老虎一般。他出了南宫兰台，来到洛阳街头，看见墙头上贴着一张皇榜，众人正在簇拥观看。班超上前一看，原来是边界上与北匈奴的战事吃紧，朝廷准备招兵买马、囤积粮草，发动一场大规模的对匈奴的战争。班超不由自主地对朝廷的举措拍手叫好。原来是汉明帝永平八年（65年），北匈奴骑兵进攻河西诸郡，焚烧城邑，杀掠甚重，百姓受害不浅。汉明帝永平十五年（72年），北匈奴又侵犯河西，而且胁迫西域小国随同入寇。对北匈奴势力的猖狂侵扰，明帝决定派兵河西，出击匈奴。

在洛阳这几年，喜好结交朋友的班超结交了好些社会豪杰，有武林高手霍大的孙子霍耀，此人生就一副结实的身板，走起路来铿锵有力，威风八面；有杂耍艺人的徒弟薛金，此人生就小巧玲珑的身段，身子一缩，就能从房墙上的"马眼"里钻进钻出；有衙门捕头钟民，此人目光炯炯有神，令那些鸡鸣狗盗之徒望而生畏；有玉器店的相公卞升，此人为人精明，品赏古董玉器，些许小瑕疵，绝对逃不过他的法眼；有落魄书生孟思，此人家境败落，满腹经纶，给人充当"刀笔吏"；有流浪街头的小乞丐朵儿，他活泼可爱，讨人喜欢。还有木匠、铁匠、裁缝、行医郎中等，三教九流无所不交。班超动了念头立即动身来到洛阳武馆，找到霍耀，召集来薛金、钟民等一帮好友，商议从军的大事。除孟思有点儿瞻前顾后之外，大家异口同声道："国难当头，大丈夫焉能不尽匹夫之责！"

班超熟知汉匈战事，给一帮哥儿们滔滔不绝地讲述着汉朝抵御匈奴的著名战役。

由班超对汉匈战事熟知的程度可以看出,班超"投笔从戎",并不是一时的冲动,而是长期积累的抱负的喷发。

时值汉明帝永平十五年(72年)秋,朝廷反击匈奴的战争万事俱备。汉明帝当下发愁的是有精兵缺强将,选谁好?纵观朝里朝外的列位将军,还是显亲侯窦固为佳。一是窦固曾随伯父窦融久在河西,明习边事;二是他是皇室宗亲,对汉室忠贞不贰;三是窦固的伯父窦融曾长期经营凉州,那里有一支窦融麾下的汉军长期屯田驻扎,不需调动过多的兵马和粮草;四是窦家对那里的风情世俗比较了解,能够及时适应战事。于是,汉明帝便决定任命窦固为奉车都尉①,与副将骑都尉耿忠率兵出屯凉州,准备出击西域,讨伐匈奴。

消息传开,班超不由得喜从心起,立刻前往窦府拜见窦固,请求从征西域,立誓不建丰功永不回。他告诉窦将军,自己还可以带一帮勇士一同前往。窦固当然喜出望外。从班超家到窦固家,要经过一座独木桥。临行前,班超放火烧了那道独木桥,意在自断退路,只能向前。

班窦两家既是乡党,又是世交。窦固在班超上书汉明帝舍己救兄一事中就非常赏识班超的大将风范。今日将遇良才,喜不自胜,立即将班超纳入自己麾下。

得知班超从戎的消息后,最不放心的是班超的长兄、母亲

---

① 奉车都尉,官名。命窦固为奉车都尉出征。

和妻子。班固听说班超投笔从戎，既不理解，又不放心。班固不理解弟弟的是东汉重儒轻武，弟弟好好的文官不做，做一介武夫有何前途？不放心的是，军卒是一个随时有生命危险的职业，拿生命去征战沙场，博取功名，得不偿失呀！何况，西域天高地远，环境险恶。班超虽喜爱兵法演阵，但终究只是纸上谈兵，嘴上操练，而且班超从未着过戎装上过战场，真要去真刀实枪地行兵打仗，与飞蛾扑火有何异？

儿行千里母担忧，班母更是心神不宁，魂不守舍。次子本就因好动使她经常担惊受怕，现在要远行万里之外，她真的想不通班超为什么要放弃平静安宁的生活去冒险。丈夫当年西行本就使她常常提心吊胆，现在儿子又步丈夫的后尘，真是命中注定。她紧紧地抓住次子的手不放开，劝班超留在家中，但最了解儿子的也是母亲，她知道自己的这个儿子，从小就豪放不羁，志向高远。作为母亲，她深知，翅膀硬了的雄鹰终究是要翱翔的。

班超的妻子更不情愿丈夫远赴边关。此时，班超的儿子班雄已经到了能识字读书的年龄。妻子声声诉说："我要的是丈夫，儿子班雄要的是父亲。我不怕丈夫平平庸庸，最怕的是望断天涯。"儿子班雄抱着父亲的双腿，紧紧依偎在父亲身边。妻子也深知，自己的丈夫平日里常言大丈夫志在四方，让他心甘情愿地去过平淡庸碌的日子是对他最大的折磨。其实，她大概

在心底里已经想通了,尽管嘴里一直在劝阻,却尽心地为丈夫打点行囊。丈夫临行前,她叮嘱道:"你在远大理想和亲情之间选择了前者,我不阻拦你,你就放心地去吧!我会照顾好儿子,会照顾好娘,你放心地远走高飞吧!但请你记住,不管发生了什么事情,有一个时刻牵挂你的人在等着你回来……"

妻子说这句话的时候,禁不住泪流满面。儿子班雄不解地问母亲:"娘,你哭了?为啥呀?"

妻子无奈地抚摸着儿子的小脑袋,叹气道:"唉,傻孩子,你爹要到很远很远的地方去打仗……"

儿子更为不解:"打仗?我们过得好好的,打什么仗?"

班超搂过儿子解释道:"雄儿,祖母给你一颗糖果,有人准备抢去吃了,你答应不?"班雄挥了挥小拳头:"谁敢!看我揍扁他的头!"

儿子的样子惹得班超的妻子破涕为笑。班超望着儿子的憨态,欣喜地将儿子抱起来扛在肩膀上说:"有男子汉大丈夫的风度!现在,有人准备从老远处打过来,要破坏咱们'过得好好的'的日子,爹这就要去阻止他们,'揍扁他的头',你让爹爹去吗?"

班雄在父亲的肩膀上高兴得四肢乱舞:"让,让,让爹爹去,我也要去,帮爹爹揍扁他们的头!"

班超把儿子放在地上,俯身摩挲着儿子的头:"乖乖,你现在还小,在家好好吃饭长身体,好好念书长知识,等长大了杀敌建功。"

班雄小嘴一噘:"谁说我还小,没力气?你们看——"说着,他便就地空翻了好几个跟头,最后以一个马步稳落地面,双拳左右出击,嘴里喊道:"嗨!嗨!嗨……"看得一旁的祖母、伯父和爹娘连声叫好。

班超等儿子收了招式,语重心长地告诉儿子:"打仗是要骑在马背上的。等你骑在马上,双脚够得着马镫的时候,爹爹一定带你去!现在,只能爹爹一人去了。你在家要听话,替爹爹尽孝,帮爹爹照顾好你祖母,爹爹在外打仗,也就放心了。"

班雄懂事地点了点头,跑到院子里翻他的跟头去了。

出发的时辰一到,班超就整理行装,骑上一匹骅马,显得英俊而威风,与一众兄弟踏上了出征之路。身后母亲、长兄、妻子、儿子的声声呼唤,越来越远,直到再也听不见。

班超的前面,长亭短亭接连不断,过了崤山,绕过了黄河。东望皇都,没了踪迹;西望长安,隐约可见。骅马已经踏进了美丽的关中平原——班超出生的地方。他想起了班家谷,想起了老家门前的那条小河,想起了在谷边同哥哥一起吟诗、在河里替妹妹摸鱼的情景,想起了周原,那可是《诗经》中描述的地方……

班超想起了《诗经·凯风》,诗中勤劳善良的母亲不正是我

的娘亲吗？不孝的子女，不就是说我班超吗？母子这一别，今生今世能否重逢，谁也说不清。可是深明大义的娘亲，最终还是答应了我的请求，放手让儿子远赴西域，剿灭匈奴。母亲，儿子什么时候才能使您感到愉悦？

这时，胯下的战马猛地一跃，把他从思念亲人的绵绵情思中惊醒。望着眼前及身后雄赳赳的出征队伍，他想起了《诗经·采薇》，说的不正是我们出征的队伍吗？兵车已经驾起，骏马在奔腾，我怎么能停下？

窦固、耿忠和班超一行出关中，首站将到达陇西郡。陇西郡地貌相当复杂。秦岭西段支脉、祁连山东段支脉、六盘山南段支脉，在这里犬牙交错。这里又是黄河中上游支流、渭河源头川道区域，还属于黄土高原西北边缘地区，用千沟万壑形容绝不夸张。

如果说关中是中原的门户，那么，陇西就是关中的锁钥。所以，陇西历来是兵家必争之地。陇西之所以古称狄道，乃为狄人所居也。东汉初，陇西及其以西，主要有两方势力盘踞：陇西的隗嚣和河西的窦融。隗嚣表面侍汉，实谋割据一方。窦家累世在河西，实为自保。班超之父班彪当年劝隗嚣、窦融归汉，隗嚣不从，还拉拢窦融割据。窦融最终在班彪的努力下成功归汉。后来窦融率河西五郡太守厉兵秣马，耀兵河上。后来，他又亲率步骑数万，与刘秀会师于高平，合兵攻隗嚣。隗嚣最终败逃而亡。

兵到陇西，班超不免想起了父亲班彪，想起了父亲临终前的面容和嘱托，这更加坚定了他的意志。他深知，离开了陇西就离开了渭河和秦岭，就意味着真正意义的背井离乡了。屈原说："路漫漫其修远兮，吾将上下而求索。"班超挥泪离开了陇西。马匹在崎岖、狭窄的山路上颠簸而行。由于商路长久未通，羊肠小道上布满了苔藓，稍不留神，马失前蹄，人马就会滚落深渊。很多将士，在这里未杀匈奴身先亡。一名身材瘦小的牵马军卒，因所牵之马马头一扬而人马一并摔下了悬崖。正在盘道下面行进的班超闻声赶忙施救，接住了小军卒。小军卒早已吓得不省人事，班超连忙掐人中抢救。小军卒终于缓过气来，望着救他的班超，"哇"的一声大哭起来。班超连声说："哭吧，哭出来就好了。"此时，从上面呼啦啦下来了一帮军卒，领头的是小军卒的哥哥，一看弟弟得救，连忙带头跪下来直磕响头。别看弟弟长得瘦小，哥哥却人高马大，四方大脸，伸出的胳臂满是一块块肌肉。哥哥说，他叫田思，弟弟叫田虑，右扶风人。乡党，又是乡党，在这远离家乡的大荒沟里，乡党见乡党，难免又是两眼泪汪汪。田思见班超比自己年长，便双手握拳打躬作揖道："大哥，先受小弟们一拜了。"田思身后的田虑及一帮扶风乡党人人打躬作揖，随田思齐声："受小弟们一拜了！"田思接着道："日后，有用得着兄弟们的地方，发个声，兄弟别无本领，有的是浑身的力气！"班超本就是一个家乡情结非常浓厚的人，眼前的一幕，使他感动不已，心里暗暗高兴：日后若有事，可请他们相助了！

终于走完了陇山的千沟万壑，而前面还有更为艰险的道路等待着班超和他的战友们。离开陇西山地，来到了金城郡①辖地，这里是兵家屯兵之地。且看诗人笔下的金城："古戍依重险，高楼见五凉。山根盘驿道，河水浸城墙。"遥想霍去病十七岁时就被汉武帝任命为嫖姚校尉，击匈奴于漠南，受封冠军侯。十九岁时，他被任命为骠骑将军，奉命迎接率众降汉的匈奴浑邪王。他斩杀敌首，使浑邪王得以率四万余众归汉。从此，汉朝控制了包括金城郡在内的河西地区，为打通西域道路奠定了基础。

班超在黄河边一边饮马，一边回思着霍将军的丰功伟绩，更加坚定了自己奔赴战场的勇气和决心。

离开金城郡，人马前行不几日，横亘在队伍前面的是高可刺天的洪池岭。东西两边山脚下，分别有两座建于西汉时期的古城，岭北为安远城，岭南为安门城，历来是戍兵扼守、"两面相御"的营地。在安远城稍作休整，班超一行人马即开始翻越洪池岭。周围的马牙雪山、雷公山两山均高于洪池岭，且终年积雪，严寒甚烈，寒气常侵洪池岭，形成东西壁立的高山严寒

---

①汉武帝元狩二年（前121年），霍去病率军西征匈奴，在这里曾设令居塞驻军，为汉开辟河西四郡打通了道路。汉昭帝始元元年（前86年），在这里始置金城县。汉昭帝始元六年（前81年），又置金城郡。

气候带。即使是盛夏，岭上仍然"飞雪弥漫，寒气砭骨"。如此气候，也未能挡住队伍前行的步伐。

翻过洪池岭，展现在眼前的是相夹于南北二山之间而形成的一条望不见尽头的东西通道。呵，这就是河西！班超和战友们欣喜若狂。

南面白雪皑皑的山，汉人称其为南山、雪山、白山，匈奴人称其为祁连山，即"天山"之意。汉以后定其名为祁连山，可见匈奴人在此活动之久。

北山（今称合黎山）脚下，一道雄伟的汉长城跃入眼帘。望着前辈们为抵抗匈奴修筑的万里长城，班超不免又是一番感叹。虽然这个时代的长城是黄土夯筑而成，但它却像一条巨大的蟒蛇，忽而蜿蜒在茫茫戈壁，忽而盘踞在山脉间，虎视南北。今天一睹它的尊容，嘿，这才是汉武雄风！

第四章 伊吾之战

　　沿着蜿蜒的长城和前朝筑就的道路，骏马又能驰骋起来了，这加快了行军的速度。后人把这里叫河西走廊，称其为"走廊"，可见其东西之狭长。高可刺天的南山有终年不化的积雪，一片银白。南山上流下来的雪水形成戈壁中的条条小河，成为戈壁中的条条生命线；蜿蜒突兀的北山，一大坨一大坨的黑斑，远看好似山林被烧过的痕迹，走近一看才明白，原来是荒山上裸露的黑石头。两山中间的狭长道谷，时宽时窄，宽处达数百里，窄处仅二三十里。狭长的走廊里，到处是戈壁滩，大小不等的顽石比比皆是，大的有几间房屋大小，小的像鹅卵似的。有绿色出现，就有河流；有河流，就有人烟，有驿站；有驿站，部队就会停歇下来休整。所以将士们只要隐约看见前面有绿色斑点,就人人欣喜若狂,但这种美事不是天天都能遇见的。

秋末从洛阳出发,经过翻山越岭的长途跋涉到达凉州汉军驻地,已经是年关腊月了。凉州人过年,挂桃符穿红袄,守年岁吃长面,这些都是汉军常年在这里屯兵带过来的风俗。不同的是,凉州人过年好喝酒,有"醉卧大街"的笑谈。

向来以自己酒量自豪的霍耀和钟民在凉州人的酒局上,也只能甘拜下风。一次,霍耀、钟民二人在一家酒肆中饮酒,进来了一位汉军军卒模样的年轻人。军人见军人,无酒不成兵,当下三人立即开怀畅饮。饮酒间,二人得知这个年轻人叫甘英,自小就在军营中混,十多年了,转战河西,征战西域,屯兵凉州,通晓河西方言和西域数国语言,更谙熟这里的民俗,入乡随俗,酒量大得出奇,常以三四斤不醉而自豪。霍耀比起甘英来是小巫见大巫,三人因酒缘而结成金兰。

凉州由于长时间处于匈奴人的袭扰之下,所以形成了一个风俗:人过四十就开始准备寿房①。几乎家家户户都有备好的寿房,平时用来装盛粮食,遇到不测,则腾出来用作灵柩。班超年过四十,看到寿房,想到孔夫子的一句名言"四十而不惑"。这里的人到了四十,就开始考虑自己的后事,而我班超,还有什么舍不得的?还有什么疑惑的?既然放弃了安逸,选择了艰

---

① 寿房即丧居,指在逝者离世后,为了给其进行后事而特意准备的房间。

险，就该奋不顾身勇往直前！

在凉州过了新年，也就是到了汉明帝永平十六年（73年），窦固的部队在凉州经过一个多月的休整和操练，养精蓄锐，意气风发。窦将军按照汉廷的部署，准备与霸占伊吾城的匈奴衍王展开一场殊死搏斗。他在谋划着谁来打头阵，争取初战全胜。

窦固想起了四十多年前的事情。班超之父班彪因天下大乱，投奔到窦固的伯父河西大将军窦融手下担任谋士。正是由于班彪的出谋划策、牵线搭桥，窦融归顺东汉，官拜大司空，从此窦氏家族的富贵尊荣享之不尽。而窦固身为窦融之侄，与班家乃世交，关系匪浅，窦固深感班彪的恩情，加上班超有胆有识，给窦固留下了非常深刻的印象。军营里有此人，何不委之以重任？

呼衍王部大半是游牧部落，也有不少森林部落。游牧部落的牧民四季迁徙，森林部落多为定居。呼衍氏家族是匈奴的望族，呼衍氏部落具有森林部落野蛮彪悍的特征，战斗力十分强悍。

西汉时期，汉朝攻击匈奴的兵事，从未深入右贤王盘踞的乌里雅苏台以西地区。东汉时期，北匈奴被迫西移，呼衍王部族追随北单于南征北战，成为北匈奴的强悍主力。此时的呼衍王，盘踞在伊吾城，东可以袭扰汉朝的河西四郡，西可以掠夺西域的弱小国家，仗着背靠天山这一天然屏障，完全可以不靠匈奴腹地的给养,成为一个名副其实的"独立王国"。

永平十六年(73年)二月,东汉朝廷决定兵分四路,出四塞①全线攻击匈奴。

东汉朝廷命令窦固招募万人精锐骑兵从酒泉出发,突袭北匈奴的呼衍王。窦固、耿忠立刻联系酒泉、敦煌、张掖等郡兵马,动员凉州的羌人、胡人部队,组成一支一万两千人的精锐骑兵,由酒泉出塞,誓灭匈奴呼衍王。从凉州到酒泉,近乎一千里的戈壁路途,行军的艰难不可言表。有诗曰:"征蓬出汉塞,归雁入胡天",人迹罕至的塞外,出征的将士们只能与远飞的大雁为伴了。

出了酒泉城西行三百里,就是玉门关②。过了玉门关,就到了中原和河西人说的关外了,连春风都很少光顾这里。诗人曾写道:"黄河远上白云间,一片孤城万仞山。羌笛何须怨杨柳,春风不度玉门关。"

关内还有片片绿洲,关外却是一望无际的戈壁。班超站在玉门关口,终于明白了汉武帝当年为何在此设立关口,原来出了这个关口,想见绿色就难了!此时此刻,班超心潮起伏,思绪翻滚,他想起了《易水歌》"风萧萧兮易水寒,壮士一去兮不复还!"

班超不免一声感叹:"今日出了玉门关,何时才能回还?能

---

①即酒泉塞、居延塞、高阙塞、平城塞。
②今甘肃省玉门市。

不能生还玉门关，神仙也难明矣。"

玉门关到伊吾，相距九百多里，要穿越名叫"莫贺延碛"①的大戈壁。莫贺延碛，又称八百里瀚海。自然环境极其恶劣，四季大风呼啸。《大慈恩寺三藏法师传》曾描述唐玄奘通过这里的九死一生，他回想莫贺延碛时还心有余悸："莫贺延碛长八百里，古曰沙河。上无飞鸟下无走兽，复无水草顾影唯一。四夜五日口腹干焦，几将殒绝。四顾茫然，夜则妖魅举火，灿若繁星，昼则惊风拥沙，散若时雨。"无独有偶，19世纪著名探险家、旅行家普尔热瓦尔斯基路经莫贺延碛时也是心惊肉跳。他曾在日记中写道："大碛直径110000米，海拔1600米，为波状平原，到处是高台，像塔一样的黄土悬崖，土壤被掺着沙砾的卵石覆盖着。戈壁中既没有植物，也没有动物，甚至连蜥蜴和昆虫也没有。白天地面灼热，笼罩着一层像烟雾的浑浊空气，一路上到处可以看见骡马和骆驼的骨头，呈现出一片十分可怕的景象。"

穿越莫贺延碛，首先要经过一个叫碛口的地方，后人把碛口叫星星峡或猩猩峡。叫它"碛口"是因为过了碛口，就进入莫贺延碛；叫它"星星峡"，是因为它两侧山崖上有一种石头，每当皓月当空就会闪烁，宛若满天星斗；叫它"猩猩峡"，这里其实根本就没有猩猩，其实是清朝名臣左宗棠行至此处，看到

---

①今称哈顺戈壁。

这个给西征带来巨大困难的山峡像一头张牙舞爪的野兽，于是称之为"猩猩峡"。

碛口是由河西入西域的必经之处，是雄踞于丝绸古道上的险关要隘，四面峰峦，险象丛生；两旁危岩，怪石嶙峋；中间的山路左突右兀，大有"一夫当关，万夫莫开"之势。它不仅是河西与西域的分界线，也是中原文化与西域文化的分水岭。如果把玉门关称作汉朝的西大门，碛口就是院墙。出了碛口，就正式进入西域地界了。

班超一众兄弟与其他军士一样小心翼翼地从碛口穿过，只有卞升将马拴在路旁的一株沙柳上，攀上陡峭的山崖。他想看看那些闪闪发光的岩石到底是什么，可他辛辛苦苦地攀上去却无功而返。

窦固带领着班超等一万两千多人马，就在如此的征程中艰难跋涉。起风时，沙石打在人的手上、脸上，疼痛异常；不刮风时，尽管是冬季，却燥热难耐。有些将士，喝光了自己带的饮水，口渴难忍，竟然喝起了马尿。多数情况下，马匹很难骑行，将士们只得牵马而行，更加影响了前进的速度。道路崎岖、环境恶劣倒还罢了，路旁还时不时出现累累白骨，人骨、马骨、骆驼骨……杂乱无章地堆叠着，令人毛骨悚然。

卞升由于攀崖耽误了工夫，在后面策马直追，老远看见班超等诸位弟兄在前面缓慢地行走着。他以为班超他们在等他，不由得甩了一个响鞭，胯下的马在沙砾之中虽然奔腾不起来，但步子快了许多。追上以后，卞升才发现，孟思大哥快不行了。

班超同自己带出来的一帮兄弟互相搭帮，同舟共济，但是，本就文弱的孟思行进的速度越来越慢，到后来，不但牵不住自己的马，到了能骑行的地方都很难爬上马背。尽管班超他们弟兄几个轮流搀着、扶着、背着孟思，但孟思实在支撑不住，长眠在了茫茫沙海之中。班超看到共患难的弟兄未涉沙场身先亡，顿时泪如泉涌，含泪将孟思的尸体放在一处较为平坦的沙地上，找来一块凹形大石头，将孟思的头颅高高支起，让他望着家乡的方向。然后，班超同霍耀、钟民一起，用沙砾一掬一掬地将孟思的尸体掩埋。卞升找来一块扁平长条形、色白似玉的石头，班超从行囊里取出笔墨，在石头上面写上了"洛阳孟思之墓"几个字，竖在坟丘前面。

望着孟思的坟丘，班超两鬓的青筋突暴，咬牙切齿道："誓灭匈奴，为孟思报仇！"

弟兄们也纷纷说："消灭敌军，杀死一个是一个！"

班超一步三回头地领着弟兄们继续前行，痛楚中想起了一段祭奠解愁的关中曲子，不免唱出声来：

"夏禹王兮，吊崇伯。商汤王兮，吊伊尹。

周文王兮，吊姬考。周武王兮，吊太公。

齐灵公兮，吊晏婴。赵惠王兮，吊廉颇。

楚霸王兮，吊范增。高祖爷兮，吊纪信。

文帝爷兮，吊陈平。武帝爷兮，吊卫青。

……"

不知走了多久，众人终于看见了点点树木在风中摇曳，一点点，成了一棵棵，一片片。有树木，就有水源，有水源，就有生命。将士们终于看见了一条河流，他们不顾一切地拥向河边。有些抢先的将士急不可待地就要趴在河边饮水，许多在沙漠里长大的羌兵、胡兵纷纷上前，大声喝止。

甘英听得懂羌言胡语，也连忙上前劝阻。班超在这段日子里经常接触羌兵、胡兵，他们的意思也能听出大概，连忙大声连翻译带吼叫："雪山上流下来的雪水太冰寒，不敢直接饮用，要温热一下才能喝！"

说着，班超便指挥火头军支起大锅，点火热水。还没等到锅冒热气，水稍微有一点儿温度，就被将士们一瓢一瓢地喝光了。就这样，一锅接一锅，一锅又一锅地烧着水……

在人家争先恐后地喝水之时，朵儿却看着眼前的胡杨树发呆，这树咋长得如此龇牙咧嘴，样子怪得怕人。班超走过来问朵儿："咋不喝水去？"朵儿指着胡杨说："大哥，你看这树，怪怪的，挺吓人的。"班超笑道："那树叫胡杨，生而不死一千年，死而不倒一千年，倒而不朽一千年，三千年的胡杨，万万年的历史。"

爱玩的田虑爬上了一株沙柳,喊叫着:"朵儿、朵儿,快来看,奇了怪了,这柳枝皮儿是红色的,这柳叶是脆的,一折就断。"班超和朵儿走了过去。班超又告诉田虑:"这树叫沙柳,和胡杨一样生命力极强,具有干旱旱不死、牛羊啃不死、刀斧砍不死、沙土埋不死、水涝淹不死的顽强不屈的特性。"田虑和朵儿像听天书一样听着大哥的讲述,不解的眼神好像在问:大哥咋就知道这么多?

在将士们争先恐后饮水的当儿,班超回答完问题后,登上了一个高高的沙丘,察看了地形,走下坡,找见了窦固,向窦将军献计说:"沙漠里水源缺乏,这里有水,且是上游,伊吾城在下游。我们不妨在这里设营,以防军中无水自乱,而且水源头兼有居高临下之利,这样平时我们能清楚地观察敌情,打起仗来,也易于攻守。"窦固听了后心里很高兴,便采纳了他的建议,命班超选址扎营。

班超在沙丘之间巡视了一番,选择了一处四面是沙丘、中间一块比较平坦且避风的地方扎下了大营。扎好营帐,将士们纷纷向窦将军请战,窦将军也急于歼灭呼衍王。此时,班超又给窦将军提议:"兵法曰:'知己知彼,百战不殆。'我们不妨分析一下呼衍王的心理。他肯定认为,我们长途跋涉,疲惫不堪,定会在今晚前来偷袭。我们不要急于出兵迎战,要将计就计。他们要偷袭,我们就来个反偷袭……"又给窦固耳语了一番,窦固听后点头称赞。

　　到了傍晚时分,窦固命令所有将士回营就寝,但要和衣而眠,手中的武器不能离身,如果听到口令,不能乱动,要按传令官的要求行动。夜幕降临,多名传令官分头到各营帐悄声传令,大军迅速出营,埋伏在营地周围的沙丘后面,等待战机。

　　果然如班超所料,呼衍王听到汉军扎营的消息,认为汉军长途跋涉,身心疲惫,初来乍到,人地生疏,今晚正是偷袭的大好时机,便组织人马,子夜时分,前来汉营偷袭。匈奴兵摸进汉营,只见汉营里鸦雀无声,黑灯瞎火,便以为汉军将士们已经酣睡,匆忙冲进营帐。谁知帐内空无一人,他们方知中计。等到回头想逃,只听营地四周杀声如雷,火光四起,汉军将士从四面八方冲了下来,把匈奴兵围了个水泄不通。

　　这时只听班超高喊道:"弟兄们,是汉子的往前冲!"将士们群情激愤,个个手起刀落,剑出血流,真是刀光剑影,血雨腥风。敌兵由于想偷袭,不敢骑马,失去了坐骑的匈奴兵被吓得个个魂飞胆丧,哭爹喊娘,抱头鼠窜,死伤无数。呼衍王一看大事不好,顾不得手下的兵卒,慌忙带着几个贴身卫士乘乱向西北落荒而逃。匈奴兵群龙无首,像无头的苍蝇般瞎碰胡撞乱作一团,汉军乘势穷追不舍。

　　打扫战场时,朵儿连蹦带跳地跑到班超跟前,高兴地说:"我用我的打狗棍打坏了两个匈奴兵的脑壳。"田虑在一旁看见朵儿被战火熏黑了的花猫脸,一边大笑一边说:"花猫脸!花猫脸……"朵儿反笑道:"你猪黑甭笑老鸹黑……"班超也非常高兴地用一只胳臂抱起朵儿并扛在肩膀上,一只胳臂抱起田虑并夹在腋下。进了营房后,他把两人双双扔到床铺上,说了声:"赶快休息,明天还有大仗等着你们。"

大败不可一世的呼衍王,班超的计谋发挥了巨大的作用,立了头等功,更得到了窦固将军的赏识。他认为,班超不但有学识,而且懂兵法、有谋略,是难得的智勇双全的将帅之才。窦将军当即提拔班超为军中的假司马①。

为了乘胜追击,窦固决定攻打伊吾城。夺取伊吾城,对于汉军乃至汉朝来说至关重要。伊吾城是匈奴人北下后东扰汉朝、西侵西域的必经之地。匈奴人若丢失了伊吾城,就等于丢失了打开东扰西侵之途的钥匙,断绝了后退之路。

初战告捷,班超的才华得以显现,更坚定了窦固一举夺取伊吾城的信心。窦固邀请班超参加战前谋议。班超说:"兵法曰:'出其所不趋,趋其所不意。'伊吾城中呼衍王肯定已经严密设防,我们的主力正面攻打伊吾城时,不妨派出一部分人马攻打伊吾卢以北的蒲类海地区的匈奴驻地,那里是匈奴人防守松懈的地方。攻之,使驻扎在伊吾城的呼衍王没了退路,兵将

---

①司马是古代职官名称。马在中国古代战争中占据重要地位,司马是专门负责管马匹的官。春秋、战国沿置,与司徒、司空、司士、司寇并称五官,掌军政和军赋;汉武帝时成为定制,军司马是低于将军的具有指挥权的军官,假司马是军司马的副手。

会丧失战斗力，我们就有了取胜的把握。"

窦固采纳了班超的主张，便派班超领一队人马先佯攻一下伊吾城，用主要精力去攻打蒲类海。

其实，这呼衍王也并非等闲之辈，自己上次中了埋伏，吃了大亏，这次一定要还给窦固一个教训。所以，当他看到汉军的先头部队以后，在城内稍作抵抗便弃城而逃。班超见状，知道战场形势有变，便派钟民和霍耀二人带着一名向导前去蒲类海侦察，而自己带着兵马在呼衍王后边谨慎追赶。呼衍王在前面并不恋战，与汉军一触即逃，更让班超知道敌人有诈。班超登上一处沙丘，远望敌兵败逃的阵势，见逃兵们并不像疲于奔命的样子，将领们边退边回头观望，便知是诈败无疑。侦察的结果不出班超所料，匈奴呼衍王早已派人在蒲类海设伏，企图全歼汉军的先头部队。班超将计就计，迅速兵分大小两路，小队人马在呼衍王后面紧追不舍，大队人马潜行到蒲类海匈奴人设伏的外围。呼衍王以为班超中计，仍退向蒲类海。

当呼衍王采取诱敌深入的战术把班超引至蒲类海不远处，以为自己马上就要报一箭之仇时，蒲类海方向突然杀声震天，设伏的匈奴兵还没回过神来，就被汉军乱箭齐发，射得人仰马翻，溃不成军。呼衍王一看偷鸡不成反蚀把米，自己又遭到前后夹击，便再次不顾手下将士兵卒的死活，带着几个随从乘乱向北仓皇逃窜。许多现场督战的呼衍王手下的头目一看主子跑了，稍有头脑的头目也临阵脱逃。剩下一些憨头憨脑想负隅顽

抗者都成了汉军集中射杀的靶子。匈奴兵群龙无首,更加乱了阵脚。汉军乱箭过后,排山倒海般冲向匈奴阵地。霎时间,蒲类海血流成河,匈奴兵死伤无数。冲在前面的霍耀和田思终于有了英雄用武之地,一个使用大刀,一个使用长矛。两人一看到大哥双鬓的青筋就想起了孟思。报仇雪恨的时候到了,两双眼睛四只红,刀砍一大片,枪扎一条线,更加激励了后边的将士,战斗大获全胜。

班超命人清点了俘虏、战马和兵器。战场打扫完毕,班超立即班师返回伊吾城。此时,伊吾城已被窦固带领的大队人马占领。窦固得知大获全胜,喜不自胜,立即下令准备酒席,犒劳三军将士。大家整整狂欢了三天三夜。

酒足饭饱,大家听说霍耀的功夫不浅,纷纷要求他给大家展示一下。霍耀也不推让,就地用绳镖打开一个圆场,先来了一段"九节鞭"表演。霍耀手中的九节鞭,先是慢慢地飞着舞着,后来便愈来愈快。只见狂舞的九节鞭若片片银雪乱舞,又如阵阵狂风飞旋。刹那间,场中只剩下一个银球在旋转,不见了霍耀的身影。大家正在迷惑惊叹之时,霍耀收起了九节鞭,站在场中向大家打躬致意。等大家回过神来,一阵雷鸣般的掌声响彻云霄。

霍耀表演完毕,众人又让薛金露两手。就在薛金准备道具的当儿,朵儿从场外腾空而入,一连翻了十多个没底跟斗①,犹

---

①手不着地翻跟斗。

如猛虎出山。田虑见状，便在场中侧身翻跟斗，犹如旋风起飙。两人你来我往几个回合过后，薛金终于出场了。只见他身穿一件大长袍，先是宽衣解带，袍内空空如也，然后他一边扣纽系带，一边念念有词地作法。转了一圈后，他出其不意地从袍内取出一副弓箭，然后弯弓搭箭，"嗖"的一声射入百步以外的沙柳，真是有奇功。接着，他放下弓箭，又一次转身，忽地从怀中掏出一具用布做成的模具——匈奴头。他放下模具，来了个徒手空翻，袍襟、袍带舞起。他一站定，从袍内取出一叠陶碟子，再从中取出两只一碰，叮当作响。大伙儿看得个个张口结舌，片刻寂静后立即响起排山倒海似的喝彩声……

窦固和耿忠，一边任将士狂欢，一边差人将捷报传递朝廷。他们又带着班超、钟民、田思等人驱马来到蒲类海海边，欣赏这无限的美景。千仞天山白雪皑皑直插蓝天，万顷海水碧波荡漾、清澈见底。据说这里曾经是水草丰茂的好牧场，多年来被匈奴人霸占。游而不牧、占而不治的匈奴人只知道烧杀掠抢，其他游牧民族只能望洋兴叹、苦不堪言。窦固等人看到此美景，想起西域其他弱小王国的臣民遭受的苦难，想起河西四郡遭受的欺凌，不免一番感叹。大家正在感叹，窦固突然问班超："假司马，战前我们的布阵用的是虚实兵法，可战场形势有变，那你又用了什么变招？"班超不慌不忙地答道："兵法曰：'水无常形，兵无常势。'兵法是死的，人是活的，关键在于灵活运用。

如果生搬硬套，就成了纸上谈兵。"班超一席话让窦固将军心服口服。通过此战，窦固对班超更是刮目相看了。

伊吾城大败匈奴呼衍王的消息传到了西域各国，各国老百姓无不拍手称快。许多弱小国家对汉军翘首以盼。窦固看准了这个时机，谋划着更大的战局，而班超则成为他要完成更大战斗的不二人选。

窦固大军伊吾城大败匈奴呼衍王的消息传到了东汉朝廷，朝廷大喜。匈奴呼衍王，多年来是汉朝的心腹之患，其占据了伊吾城和蒲类海地区，欺凌西域弱小国家，掠夺河西汉朝臣民财产。汉朝的河西四郡和西域各国提起呼衍王虽咬牙切齿却苦无办法。这次汉军歼灭呼衍王势力，占领伊吾城，解除汉朝心腹之患，汉明帝立即下诏，留下部分汉军驻守伊吾城池，朝廷设立宜禾都尉，就地屯兵辟田，积蓄军备，以利再战。

关于"宜禾都尉"，有一个近乎神话般的故事。伊吾城的胜利，使汉明帝又惊又喜。惊的是战线如此漫长，向汉军提供给养是个大问题。一旦给养不能及时跟上，西域随时会落入匈奴之手；喜的是在窦固部队的浴血奋战下，西域终于收复在望。如何解决这个令人头痛的问题呢？正忧虑时，近侍报，窦固有奏章报来。汉明帝拿起奏章一看："哈哈，真乃天助朕也！"原来战胜匈奴后，班超就关注到西域距离中原万里之遥，军需很难保障的难题。一日，班超带着霍耀、钟民等几个弟兄信马由缰往前走。忽然，胯下的坐骑自己加快了步伐。班超一惊，以为有敌情，凝目四望，忽听钟民喊道："那儿有人，还有庄稼！"班超一看，果然，不远处有人在耕作，地里种的居然是麦子。正惊奇间，忽听得耳边水声震天。饥渴的马已疾驰到一条河边低头饮起水来。班超大喜过望，这真是我们的福气，这不是一个现成的屯兵之处嘛！想到这儿，他喊朵儿："你去问问，此河如何称呼？"朵儿策马到了田边询问后回来报告："大哥，此河称为白杨河。"班超点点头，心想：这可真是个屯田的理想之地。如果军队在这一带垦田种麦，定会解决给养不足的难题。况且此处地理位置扼西域襟喉，又同敦煌、安西唇齿相依，和朝廷联系非常方便。想到这儿，班超一挥手："走，回去。"回到军营后，班超立即把想法汇报给窦固。窦固一听，知道这是一个非常有远见的主意，高兴地拍着班超的肩膀："你小子真是个将才！你大哥班固是我们汉朝的大才子，你将是我们的'李广'啊！"奏章报到汉明帝的案头，汉明帝大笑："真是个好主意，一举两得，既解决了长途运粮的不便，节省了财力、物力，又可以稳定军心。"汉明帝边笑，边命人拿来地图。他要看一看窦固和班超所说的这个地方在什么位置。汉明帝打开地图，目光掠过敦煌，看到了伊吾城。他不觉自言自语："给窦固个什么官职呢？"汉明帝边踱步边思考，连皇后进来都没注意。皇后一笑，说："皇上又为国事操劳呢？"汉明帝抬头："原来是皇后，

我正为一事拿不定主意,你来看。"他顺手把窦固的奏章递给皇后。皇后接过细细一看,不觉一笑:"皇上,这有何难?窦固不是说得很清楚吗?宜禾,宜禾嘛。"明帝"哎呀"一声,一下抓住皇后的手:"一语惊醒梦中人。伊吾城既然宜禾,就封为宜禾都尉,立即下诏。"窦固接旨,不觉和班超会心一笑。

东汉出击匈奴的四路人马,唯窦固有功,加位特进。他自己心里明白,功劳全凭良将班超而得,便招来耿秉商议如何嘉奖班超。耿秉参谋道:"班超投笔从戎,就是为了建功立业,奖赏给他再多的钱物也无济于事,不如按他的心志,大力表彰班超的战功。""如何大力表彰?"窦固问道。耿秉答道:"'大力'莫过于树碑立传也。"不日,伊吾城边树起了一座丰碑——班超建功碑。其实,窦固除了表彰班超的战功,还有他自己的远谋,他要把更为艰巨的任务交给班超去完成……

窦固将行辕设在了伊吾城。军帐中,窦固打开西域地图,查看着西域各国的布局,部署下一步的作战计划。从地图上看,伊吾城正处于通往西域南北两条道路的交叉口,走南道,有鄯善、且末、于阗等国;走北道,有车师、龟兹、姑墨等国。北道直接与匈奴接壤,匈奴控制得相对严密,南道则相对疏松。窦固的手指不断地指向地图上的鄯善,寻思"用兵必须审敌虚实而趋其危",鄯善,当属收复西域的首要之选。

第五章 出征鄯善

窦固深知，明帝这次派他出征河西，不仅仅是对匈奴打一场胜仗，主要目的是收复西域失地。西域分布着大大小小的国家，主要有两大板块，分别是南道诸国与北道诸国。窦固认真分析了局势，决定收复西域先从距离匈奴较远、匈奴控制力比较薄弱、经济比较发达的南道诸国着手。南道东端鄯善国与中西部的于阗国号称南道两大雄主。如果控制了这两个大国，就可以控制整个南道诸国。因此，窦固决定将鄯善国作为打通西域的第一个目标。

窦固早有将收复鄯善国的重任交给班超的打算，便召见了班超，商议收复策略。

班超熟知西域历史，向窦固分析了鄯善国的地理和基本国情。班超滔滔不绝的讲述更加坚定了窦固派遣班超出使鄯善的决心。窦固便招来耿忠、郭恂等人，宣布了自己的决定，并打算派给班超一千人马，以壮汉威。

窦固又对班超说："如今把你派到鄯善，说服鄯善国王脱离匈奴，恢复往昔同汉的友好，是一个非常艰巨的任务。鄯善本是我禹王的后裔，与我大汉臣民同根，怎能与匈奴为伍？你可带领精锐队伍作为我朝使团，越天山、穿瀚海，找到鄯善，使之脱离匈奴的控制，重归朝廷。此举非同小可，它将会在此形成河西与关中乃至中原的安全屏障，并能贯通商路，增盈国库，远播汉威……"

窦固言罢，所有人都面面相觑，大惊失色。此任务太艰巨了，收复西域，谈何容易？西域曾臣服于汉室，六十五载过去了，早已成为过眼烟云了。更何况天山高大，大漠茫茫，危险万分。那些与中原断了关系、多年在匈奴人统治之下的小国家，信不信任汉使，有无敌意，这支出使鄯善的使团能否安全返回汉营……皆不可测。曾任过衙役捕头的钟民想到这些险境困难，深知完不成使命的下场，耳语班超，莫要应承，三思后行。可班超这时想的与其恰恰相反，窦固所言，正是他的梦想。为了实现自己的人生追求，千难万险，在所不辞。班超不顾好友的相劝，欣然答应了窦固。更令众人惊讶的是，班超竟然拒绝了窦固派给他一千人马的安排，他说："这次是出使，不是出征，传达的是大汉对西域的关怀，实施的是大汉对西域的优抚，使臣凭的是大汉声威，不能以势压人，要以信取人。少带人马，多施礼物，要有别于匈奴对弱小国家的以势压迫和强势掠夺。"窦固听了班超的一番言语，认为很有道理，十分满意，答应让班超自己在军营挑选三十多个随从，组成使团，并派郭恂作为从事[①]，一并前往。

班超随即领了令牌和汉节，返回军营，挑选精兵强将共三十六人。除了自己从洛阳带出来的霍耀、薛金、钟民、卞升、朵儿等洛阳旧友和在陇西结交的田思、田虑等扶风乡党以外，还有向导、武士、翻译、厨师、军医等各方面人员，以及一些熟悉西域风俗的羌兵胡卒，都是些平日里对班超佩服得五体投地的豪杰壮士。在挑选向导和翻译时，霍耀向班超举荐了他的结拜兄弟甘英。班超平日也对甘英有所了解，便将其选入使团。从事郭恂见班超挑选的这帮人马，虽各个看起来精明强悍，但总给人一种五大三粗的感觉，便提醒班超："是否缺点儿文雅儒士？"班超笑道："三十六人，有你这位大儒指点，足矣。"郭恂听见班超夸赞自己，稍有满足，便高兴地回道："呵呵，好你个班兰台班司马，真乃文成武就哟！"班超说了句扶风土话："甭

[①] 即军中文官。

嚷人①！"郭恂也没听懂，一笑了之。不日，这支汉使团在班超、郭恂的带领下向南出发了。

越天山、穿瀚海，说起来容易，穿越起来难啊！

说是"越天山"，实际上班超他们翻越的是天山的南脉——南天山。天山是世界七大山系之一，位于地球上最大的一块陆地——欧亚大陆腹地，全长2500千米，南北平均宽250～350千米，最宽处达800千米以上。天山是世界上最大的独立纬向山系，也是世界上距离海洋最远的山系和全球干旱地区最大的山系。

距今1200万年至200万年前，天山在其演化的第三阶段中隆起成形，它呈东西分布，条状隆起，随着地形的增高，气温逐渐降低，降水量则逐渐增大。气候的分带造成植物的明显减少，天山的气候与环境非常恶劣。

说是"穿瀚海"，实际上班超他们穿越的是当今的塔克拉玛干沙漠的东段。

塔克拉玛干沙漠在当地人眼中"走得进，出不来"。西方探险家斯坦因曾将其称为"死亡之海"。整个沙漠东西长约1000千米，南北宽约400千米，总面积337600平方千米，是中国境内最大的沙漠，也是全世界第二大的流动沙漠②。

---

①陕西方言：别嘲笑我。
②"流动沙漠"，是在定向风的作用下，沙漠的移动趋势倾向于风向的方向，不断迁移。

塔克拉玛干沙漠全年有三分之一是风沙日，风速每秒达300米。由于整个沙漠受西北和东北两个盛行风向的交叉影响，风沙活动十分频繁而剧烈，流动沙丘占80％以上。白天，塔克拉玛干沙漠烈日炎炎，银沙刺眼，沙面温度有时高达70℃～80℃。塔克拉玛干沙漠植被极端稀少。在沙丘间的凹地中，可见稀疏的柽柳、硝石灌丛和芦苇。

其实，只要细看这些资料，即便现在我们拥有发达的交通工具，也会望而生畏，更何况近乎两千年前的班超等人？但班超他们还是翻过了天山，穿过了瀚海，来到了鄯善。

听向导说，这大山不光道路崎岖险峻，最可怕的是暴风，把人掩埋在沙窝里，连尸骨都寻不着。前面经过的那些沙漠，到这里只能是小巫见大巫了。这时候，从事郭恂才恍然大悟，难怪班超只挑选些精明强悍之人。

越过了天山，穿过了大漠，呵！抬头一望，横亘在大漠南边的山脉，那高大啊，用什么词形容都不夸张，天山比起它简直是相形见绌。借大家坐下来休息之机，班超指着南边高耸过云头的山脉告诉大家："那叫葱岭，在汉代以前人们把它叫作不周山。《山海经》曰：'西北海之外，大荒之隅，有山而不合，名曰不周负子。'《淮南子》记载有'共工[①]怒而触不周山'的神

[①] 共工是古代神话中的水神。据说共工素来与颛顼不和，发生了惊天动地的大战，最后共工失败，愤怒地撞击不周山，造成天塌地陷，洪水泛滥，才有了后来的女娲补天和大禹治水。

秘传说：'昔者共工与颛顼争为帝，怒而触不周之山，天柱折，地维绝。天倾西北，故日月星辰移焉；地不满东南，故水潦尘埃归焉。'"

班超嗓子说干了，又给大家讲述了一个令人神往的故事："西周鼎盛时期，有一位英俊的周穆王想周游天下。他坐在八匹马拉的车子里，带着一队人马，浩浩荡荡地沿着渭水向东前进，渡过黄河，然后沿太行西麓向北挺进，直达阴山脚下，转而长途西行，到了葱岭，又向西走了几千里，到达了一个风景秀丽的国家，即西王母之国。西王母梳着蓬松的发型，穿着下垂的豹尾式服装，在瑶池盛宴款待了穆王。穆王赠送给西王母大批绫罗绸缎等中原特产。西王母回赠穆王各种当地的奇珍异宝，并邀请穆王游历了她国中的山川名胜。穆王题写'西王母之山'，并种植了槐树以作纪念。临别时，西王母设宴送行，并作歌'祝君长寿，愿君再来'，表达了她对穆王的依恋之情。"

班超讲的故事，听得朵儿眼睛睁得像铜铃似的，接道："那我们翻过这个葱岭，去见见西王母吧！"这惹得班超和大伙儿大笑不已。班超告诉朵儿："要翻过葱岭，先得把脚下的西域踏平。西域不平，葱岭难通啊！"

第六章 火烧匈奴

班超带着随从和礼物，经过千辛万苦，终于来到了鄯善。鄯善国国王名广，归附了匈奴，不但要向匈奴国交贡纳税，而且还要被永难满足的匈奴贵族压榨和盘剥，勒索财物。国王虽然不满，但有苦难言，臣民们更是苦不堪言。由于西汉末年天下大乱，东汉政权初建未稳，无暇顾及西域，鄯善国国王只好与西域其他小国的国王一样，勉强臣服于匈奴，听从匈奴调遣。当他听说汉军大败匈奴呼衍王，又听说汉使将要来到鄯善国，心里非常高兴。班超一行见到鄯善国国王以后，双方礼毕，班超开门见山，直言来意。鄯善国国王表示愿意与汉朝结好，恢

复往日的交往，愿意接受大汉的管理。因为大汉曾给他们的国家带来繁荣，而匈奴贵族却欺压得他们连喘口气的机会都没有。所以，鄯善国国王命下属对班超一行热情招待，不敢怠慢。

下属腾出了最豪华的房间让班超一干人马居住，并命令厨师准备了丰盛的鄯善美食。鄯善国国王亲自主持了这次宴会，鄯善美食琳琅满目，鄯善国国王取出了平日只会给贵客饮用的珍珠葡萄酒，让大家举杯畅饮。宴会上还有美丽的鄯善舞女在一旁起舞，异常热闹。只见那舞女身随着曲调旋转，手随着鼓点舞动，鼓乐声中舞动双袖，像雪花在空中飘摇，像蓬草在迎风飞舞，左旋右转不知疲倦。其他人都在品尝着鄯善美食，唯有薛金在痴痴地看着鄯善舞女美丽的舞姿。坐在薛金身旁的田思捶了薛金一拳说道："把眼都看直啦，赶紧咥①！"

可是，此后一连三天，鄯善国国王却对班超一行人避而不见，接待的侍从愈来愈怠慢，不像他们刚来时那么热情了，供给的饭食酒水也不丰盛了，美丽的鄯善舞女也不见了踪迹。班超见状，起了疑心，对部下说："鄯善王招待咱们跟前几天不一样了，你们发现了吗？"众人纷纷说："我们也觉得有点两般三样，但不知是什么原因。"班超向大伙儿说出了他的疑心："我怀疑是匈奴的使者也到了鄯善，鄯善王怕得罪匈奴，举棋不定，故意对咱们冷淡起来。"郭从事躺在铺上，伸了伸懒腰说："别

---

①陕西方言，意为吃。

猜疑了，还是派个人出去打探打探。"班超接道："现在咱人生地不熟，不宜打探，一旦打草惊蛇，局面可能一发不可收。"

班超觉得郭恂的话说得也有道理，匈奴使者一事毕竟只是猜测，于是他请来鄯善的侍者，装出一副早就知道的样子问侍者："匈奴人派来的使者来了几天了？住在什么地方？"侍者一听，不知这位汉使从哪里得知匈奴使者来鄯善的消息。他想：听说汉人大多懂得法术，大概使用了什么法术吧？这还了得，我若不从实道清，他使个法术，我恐有性命之忧。于是他只好老老实实地招认："匈奴使者来了已经三天了，有三百多人。他们的驻地离这儿有三十里地。领头的住在一个小帐包里，其余分住在几个大帐包中。"侍者接着苦求道："你们千万不要对别人说是我告诉你们的。国王吩咐过，要对你们封锁匈奴使者到来的消息。若让国王知道是我走漏了风声，即使国王不杀我，匈奴人也绝对饶不了我。"班超安慰道："你且放心，我们替你保密，他们谁也不敢把你怎么样，只是你先得受点委屈。"班超立即命人将鄯善侍者禁闭起来，一来防止他走漏风声，二来保护他的安全。

果不其然，事实正如班超所料，鄯善王瞒着班超，与匈奴使者打交道。班超查明实情之后，便把自己手下的三十六名随从召集在一起，尽兴地喝酒。酒兴正酣之时，班超突然站立起来，满满地酌了三杯酒，连饮而尽，酒罢，慷慨激昂地问大家：

"你们跟随我来到西域,是为什么而来?"大家异口同声地答道:"建功立业!"班超接着又说:"可是,就在我们劝鄯善归汉即将大功告成之际,万万没想到,匈奴使者也来到这里,才几天,鄯善王就对我们不客气了。我们应该怎么办?"众人纷纷说:"宰了鄯善王!"班超摇手道:"下策!我们人单势孤,此时很难接近鄯善王,何况我们的使命是劝鄯善王归汉,不到万不得已,不能使用如此下策。"有人在一旁出主意说:"那我们马上告知窦将军,发大军来,镇住那两面三刀的鄯善王。"班超接过话茬:"我们的大军是用来打仗的,不是用来镇住一两个人的。再说情况紧迫,不容我们耽搁。"大家一时无语,静静地期待着班超拿主意。班超看了看大伙儿继续说道:"现在鄯善王已经看出我们的人手少,不是匈奴使团的对手。如果他把我们抓起来送给匈奴人,借以讨好匈奴,那我们就惨了,别说建功立业,连返回家乡的可能都没了。情势已经到了火烧眉毛的地步,大家说,我们应该怎么办?"众人都说:"我们已经到了与匈奴使团你死我活的地步,是死是活,我们都听班司马的吩咐!你说咋干就咋干!"班超说:"不入虎穴,焉得虎子!现在只有一个办法,快刀斩乱麻!乘着夜黑,咱们悄悄摸到匈奴使者的驻地,一面放火,一面进攻。他们弄不清我们到底有多少人马,一定慌乱。只要我们乘机杀了匈奴使者,鄯善王就可以摆脱匈奴使团的控制,同时匈奴人也会记仇,断了他两面三刀的后路。他就会死心塌地地诚心归汉,对抗匈奴。注意,我们往小营房冲,斩杀里面的匈奴使者,其余大营房用火烧。咱们站在火外,跑出一个消灭一个。"田虑年轻,听不懂班超的什么"焉""虎穴""虎子"的,悄声问哥哥。田思告诉弟弟:"就是扶风人说的'不进狼窝逮不住狼儿子'!"这时,有人迟疑不决地提出:"这是一件大事,是不是应该同从事郭恂商量一下再决定?"班超果断地说:"事不宜迟,是吉是凶,决于今天。郭从事是个文官,听到我们的计划必然胆怯,若走漏了风声,我等就必死无疑了。"经班超这么一说,大家齐声道:"好!只有一拼了!"霍耀拳头一挥,一句洛阳话出了口:"中!就这么着!"田思拍了拍弟弟田虑的肩膀说了一句扶风话:"甭胆怯,怂管娃,今黑给咱冷怂捶!"①

班超此时此刻,在这离家万里之外的紧要关头,忽地听到几句家乡话,倍感亲切,激动万分地说:"当年光武帝为恢复汉室江山,南征北战,随光武帝驰骋疆场的扶风人伏波将军马援、好畤侯耿弇、安丰侯窦融,凭的就是扶风人的一身劲儿、一腔热血。成败就在今晚,现在鄯善归汉的路就在我们的足下!"说话间,霍耀突然发现,大哥班超两鬓的青筋凸凸暴起。他忽地想起了身葬沙海的孟思,不由得怒从心起,吼一声:"血祭孟思的时候到了,不杀匈奴,誓不为人!"

---

①别害怕,什么都别想,今天晚上给我狠狠地打!

班超见战前动员令大家激情勃发,又冷静下来告诉大家:"这是战斗,万不能鲁莽,要密切配合,环环相扣,一个环节都不能有闪失。到时候看我的手势,胳臂往下这么一挥,放火、擂鼓、冲杀一举完成!"班超给三十六名壮士分工,由钟民、卞升带领八名胡兵拿着战鼓,由霍耀、田虑领十八名汉兵带着柴火,他自己和薛金、朵儿、田思等六人带上火镰。虽然薛金、朵儿、田思力气不大,但个个身手不凡。由于事出隐秘,骑马不可直达,众人把马匹拴在半路上的隐秘处,徒步而行。路上,班超告诉田思、钟民等关中汉子:"今晚展示关中汉子血性的时间到了,擂鼓、放火、斩首,一切看我的手势。成功了,回营房我亲自给大家煮关中的羊肉泡饼。"听到了家乡的美食,田思的口水直流。一切准备就绪,不到子夜时分,三十六名壮士便已悄悄到达匈奴使者的营房附近。老远看见两个守夜的匈奴喽啰正在大营门口打着呵欠。霍耀、田思捷足先登,从两个喽啰身后接近,猛地一人一手搂住一个喽啰的脖子,另一只手将喽啰的头一拧,两名匈奴士兵瞬间窒息而亡。薛金拿出自己的功夫,蹑手蹑脚地迅速接近匈奴营房。只听见里面鼾声如雷,此起彼伏,他向班超挥了挥手,示意一切顺利,按计划进行。此时夜风忽起,班超命钟民、卞升等手拿鼓的十名壮士躲在匈奴营后,霍耀、田虑等二十名壮士埋伏在营房前面,自己带领其余六名壮士将柴火架在营房周围的顺风处。身手敏捷的薛金掏出火镰,一下子就击出火花点燃了火草。班超高举胳臂,单手猛地往下一砍!看到班超发出"开始行动"的手势,薛金、朵儿等人立即顺着风势点起大火,钟民、卞升等人同时擂起战鼓,霍耀、田虑等二十名壮士一边大声呐喊,一边杀进敌营。匈奴人从美梦中惊醒,弄不清是何方降临的神兵,个个晕头转向。班超带头冲进小营帐,手起刀落,转眼砍死了三个匈奴使者。其余壮士个个身手不凡,有一个匈奴使者乘乱溜出营帐,被薛金发现。一个飞镖掷出,只听"哎哟"一声,匈奴使臣便命丧黄泉。朵儿用自己的枣木打狗棍从后面死死勒住一个匈奴兵的脖子,只见那匈奴兵舌头吐出一截儿,很快没了气息。刹那间,匈奴使者及三十多个随从什么都没弄明白,就魂归西天。班超割下使者的脑袋,跑到营帐外,见所有大营帐都燃起了大火,其余三百多个匈奴兵全部命丧火海。班超把大家召集起来清点后发现一个都没有少,便兴高采烈地踏上了归程。他们回到自己的营房时,东方刚刚发白。这真是"晓战随金鼓,宵眠抱玉鞍。愿将腰下剑,直为斩楼兰。"

从事郭恂黎明起来小便时发现班超一行人马不见了踪迹,正在疑惑之时,见班超一行高兴而归。班超便把昨晚的胜利告诉了从事郭恂。郭恂大惊失色,随之面露怒色。班超明白,这是因为自己带兄弟立了大功却没有郭恂的份儿,便说:"郭从事请放心,你虽未参与这次战斗,但我班超不可能忘却你而独占

第六章 火烧匈奴

功劳。"班超如是一说,郭恂的情绪缓解了许多。

天一大亮,班超便请鄯善王来汉营议事。鄯善王一到,班超就命人端出盛有匈奴使者人头的盘子给鄯善王看,吓得鄯善王魂飞胆丧,鄯善王手下的臣僚们个个面如土色。一见匈奴使者血淋淋的人头,鄯善王想起了先王告诉他的百年前汉使傅介子斩杀旧王的事儿来,吓得直缩脖子。班超告诉鄯善王:"我大汉是仁义之邦,之所以杀死匈奴使者,歼灭其随从,只是为了使鄯善百姓免遭匈奴之害,得以安居乐业,为了使国王你成为真正的鄯善王。大汉朝督护西域已有两百余载,西域各国饱受大汉之福,国力大增,百姓深受其益。匈奴王公贪得无厌。从今往后,只要你臣服大汉,一心抵抗匈奴,匈奴就不敢再来侵犯你们了。"鄯善王听罢,悬着的一颗心才算放了下来。他本就因为担心匈奴使者恃强欺负他,才犹豫不决,现在看见大汉使者智勇双全,胆识过人,且并无加害他之心,连忙趴在地上一边磕头一边说道:"本王愿意听从大汉天子的命令。"其他臣僚刹那间跪倒一片。班超等人连忙把国王和臣僚们扶起,和声细语地安慰了一番。鄯善王为了展示诚意,表示愿将自己的王子送到大汉京都洛阳作为侍子①。鄯善王假装对这几天侍者怠慢汉使的事儿不知情,厉声责骂臣属。班超心知肚明,也故作无所

---

①属国之王遣子入汉朝陪侍天子,一可以学习中原文化,二可以作为人质,表示属国之王一心归汉的决心。

谓之态。

　　班超的壮举传到了窦固那里,窦固大喜,马上亲笔向汉明帝禀告了实况,为班超请功,并汉明帝派人出使西域。汉明帝得知消息后,龙颜大悦,认为班超有勇有谋,智勇双全,是大汉朝廷的栋梁之材,便给窦固下诏曰:"吏如班超,何故不遣,而更选乎?今以超为军司马,令遂前功。"就是说,像班超这样的栋梁之材,为什么不派遣出使西域,却要另派他人呢?今命班超为军司马,出使西域,完成大汉王朝的宏图大略。

　　汉明帝的加封,使班超如虎添翼。他立即以大汉王朝的名义告诉鄯善百姓,免除匈奴人强加在鄯善百姓头上的一切苛捐杂税,释放因交不起苛捐杂税而沦为奴隶的平民,彻底恢复六十多年前的汉制。鄯善百姓听了,倍受鼓舞,感激得五体投地。三十六名汉使走在鄯善伊循城的大街上,鄯善百姓就像对待救星一样对他们示以尊敬和崇拜。一次,朵儿和田虑出去溜达,被几个鄯善贵妇瞧见,强拉硬扯地邀请二位到家中做客,二人好说歹说总算脱了身,气喘吁吁地一路跑了回来,好气又好笑地告诉大家他俩的遭遇。薛金听了非常嫉妒地说:"这等好事,咋轮不到俺头上。"下升一旁调笑道:"你那头是玉石雕的,轮到卜面,也只能砸出'咣'的一声。"这话逗得大伙儿笑声一片。

第七章 西域列国

窦固、班超他们所到的伊吾城还不是真正意义上的西域,所到达的鄯善,也只是西域与汉室的交界。那么,真正意义上的西域,主要在哪里?

班超曾听其父班彪所言:"西域以孝武时始通,本三十六国,其后稍分至五十余,皆在匈奴之西,乌孙之南。南北有大山,中央有河,东西六千余里,南北千余里。东则接汉,限以玉门、阳关,西则限以葱岭。"

闲暇工夫,班超在营中给同伴们讲起了西域列国:汉武帝建元三年(前138年),张骞奉命出使西域三十六国。

张骞出使西域后,三十六国不断变化,如今已有五十多个国家了。一部分是城郭之国，另一部分是游牧部落。这些国家语言不一，习俗各异，互不统属，人口少则几百，多则数万。龟兹人口最多，有八万多人。它们多以城郭为中心，居民多从事农牧业，少数国家逐水草而居，单纯从事畜牧业，以畜产品与邻国交换粮食等农产品。

汉武帝以前，西域小国林立，天山以北的一些小国受到匈奴的控制和奴役。汉宣帝神爵二年（前60年）在此设西域都护府，名为乌垒城①，是当时汉朝管理西域三十六国的政治、经济、文化和军事中心，当时西域都护由皇帝亲自任命，三年一替从未间断。当时的乌垒城是个城郭之国。都护府直接对其统辖，乌垒王曾多次受皇帝召见。汉朝另设置戊己校尉部、戊部候部等行政、军事机构，对当地的部族上层人物封以王、侯、将、相、大夫、都尉等官职，他们均受西域都护府的管辖。西汉末年，王莽篡位，中原骚乱，匈奴乘机统治西域，敛税重刻，当地各族人民无法忍受。

班超讲到这里，不免叹了长长的一口气："唉，要不是王莽乱朝，西域也不至于落入匈奴之手。我们现在的使命就是要把属于我们大汉管辖的西域重新夺回来，恢复汉室的管辖，让这里的百姓安居乐业，让通商之路畅通无阻。"班超从日落之前，一直说到子夜时分。终了，他告诉大家："夜深了，都快休息吧，现在一定要养好身体，后面还有更重的任务等着我们去完成。"

---

① 前名轮台国，今新疆维吾尔自治区轮台县东南。

第八章 智斩巫师

窦固向班超宣读了圣旨,汉明帝任命班超为军司马,派其出使西域。班超伏地叩拜,刚一起身,窦固就对班超开言:"你出使鄯善,只带了三十六名兵卒。深入异域,力量单薄,虽然取得了胜利,却令我非常担心。这次不比出使鄯善,要出使西域各国,要踏遍天山南北,面临的凶险不知比出使鄯善要大多少,不能再一意孤行了,要多带些兵卒同去。"班超回答说:"我们出使西域,主要是宣扬汉德汉威,去帮助西域各国振作起来,抵御匈奴。要是真的出了乱子,就是带几千人马去也不顶事,还不如仍旧带着原来的三十六名壮士去,只要胆大心细,随机应变，也就足够了。"

当下，窦固和班超一起分析了西域形势，认为应先说服于阗国归汉，再做下一步打算。于阗国国王名叫广德，广德王攻破了莎车国，雄踞在西域南道，并且受匈奴使臣控制。说服于阗国国王广德归汉，会极大地削弱匈奴人的势力，有利于收复西域其他各国。

班超一行三十多人稍作整休，再次踏上了西去的征程。过了鄯善，向西行一千多里的路程，才能到达于阗。一千多里的路程，尽管是绕着大漠南缘行进，但人行数日，不见人烟，白天干热难耐，嗓子眼冒火，晚上冷风刺骨，让人浑身发抖。其艰险程度远远大于从伊吾城到鄯善。使团偶尔能看见绿洲。有绿洲，就有流水，就有人烟，就可以贮备饮水和食品，每遇到此种情况便人来精神马来劲，但这并不是天天能遇到的。终于到了鄯善与于阗之间的且末国境地，行程也过了大半。且末国是西域的一个小小的城邦，人口不足千人。西汉建元三年（前138年），张骞出使西域，曾到达过且末国。在且末国，班超一行补充了给养。这里不是他们这次出使的目的地，他们不敢久留，便继续西行，又是连日的餐风饮露。

于阗是西域的一个大国，人口接近两万。到了于阗国，班超一行觐见了于阗国国王广德，于阗广德王一看班超一行人马不多，便十分冷淡，敷衍应付。班超向广德王直言，要他脱离

匈奴，联络汉廷，这反而激起了广德王的不悦。广德王心知肚明，他的臣民们身由匈管心向汉，老百姓向来不满匈奴人欺凌掠夺，非常希望恢复与汉廷的交好。可他自己却并不喜欢与汉廷交往，因为他可以仗着匈奴人的凶残欺压自己的臣民，匈奴人对他自己有益无害，何况脱离匈奴并不是一件容易的事情。但广德王也知道，就是这个汉使班超，就是这三十六人，战胜了匈奴三百多人马，斩杀了匈奴使者和随从，使汉室轻而易举地降伏了鄯善王。尽管广德王表面上轻视班超，但心里也在发怵。因此，对于班超的直言，广德王虽然没有答应，但是也没有拒绝，给了班超一个模棱两可的态度。

于阗人非常相信巫师，据说巫师可以向大神请示，大神定会给人拿出正确的主意。于是，广德王便让巫师去向大神请示。巫师是被匈奴人收买的奸细，一听广德王要他请示大神到底是臣服匈奴还是臣服大汉，便假装来了精神，一番装神弄鬼做起法，时而双眼紧闭，时而怒目圆睁，时而浑身摇晃，时而喃喃自语，不久，用沙哑的嗓音告诉广德王："你为什么要结交汉朝？汉使有一匹战马，名叫骢马，身黄嘴黑，日行千里。你赶快牵来供奉于我。"广德王不敢怠慢，立即命人到班超的驻地索要骢马。

此前，早已有广德王的臣子因长期受匈奴人和广德王的奴役和欺压，心存不满，一心向汉，便将巫师与广德王的所言所行偷偷告诉了班超。同行的壮士们有的愤愤不平地说："什么巫师不巫师，想要大哥的战马，门儿都没有！"有的心存担忧地说："不就一匹马吗，给了去，省得招惹麻烦。"一直精心给班超照料骓马的朵儿往马前一挡，厉声说道："谁敢来牵马，小心他的狗头！"说着，便扬起了打狗棍。班超心里自有主意：俗话说，打蛇要打七寸，今天，就从作祟于大汉与于阗之间的毒蛇七寸处下手！当广德王派人来索马时，班超早已知道来意，却故意问来人："国王差你来有何贵干？"来人大大咧咧地答道："我们的大巫师说啦，要用你的骓马祭奠神灵，国王差我来牵马。"班超告诉来人："不就是一匹马吗？我愿意把我心爱的战马奉祀给神灵。可是，这匹战马是我们的大汉天子赐赏给我的，见到战马就等于见到我们的大汉天子，不能随随便便就让你这样的无名小卒牵走，必须巫师亲自来牵。"来人只好空手而归。

不久，巫师果真自己来牵班超的战马。得意忘形的巫师乘着一辆马车一路"咯吱"着来到班超的帐前，下了马车，操着沙哑的公鸭嗓子"吱哇"道："班司马，骓马备好了吗？"班超看见巫师来了，并没出帐迎接，也不言语。巫师刚一揭开帐帘，探进个脑袋，只见一道寒光闪过，班超手起刀落，巫师的首级已经滚落在地。可叹的巫师，一生预言这般测算那般，怎么就没能测算出自己的死期呢？

班超带着巫师血淋淋的人头去见广德王，广德王一看大事

不妙,身如筛糠。班超厉声责备广德王:"于阗臣属大汉,几近两百载,久受大汉恩德。没想到你今日却蔑视我堂堂汉廷,向我汉使挑衅,听信私通匈奴的巫师胡言乱语,又勾结匈奴,这个巫师头颅,今天交给你,你看着办吧!你若结交大汉,就有数不尽的好处,你若是再勾结匈奴,这巫师就是你的下场,你自己选吧!"说到这里,班超缓了一下口气继续说:"你应该打听一下,鄯善王是怎么把自己的儿子送到洛阳去的。"

广德王看了一眼巫师的人头,刚平静下来的身子,又哆嗦起来,再经班超这么一厉声呵斥,面如土色,双腿颤抖,无法站立,瘫倒在地。他知道,虽然西域各国与汉朝的臣属关系已中断了六十多年,但西域各国上下仍然心念汉朝。他也知道,汉使班超在鄯善诛灭了匈奴使者,使得鄯善王臣服归汉。想到这里,广德王冷汗直流,战战兢兢地爬起来连声说道:"我愿意归顺汉朝,愿意归汉……"

于是,广德王匆忙回到王宫,立即部署暗中发兵,斩杀了匈奴使者,把人头献给了班超。班超见状,把自己带来的礼物分发给广德王和他的臣属。广德王和他的臣属得到了金银、绸缎、布帛后,非常高兴。他们对绸缎和布帛爱不释手,纷纷搭在肩上,披在身上,互相比划着,好不欣喜。

按照班超的吩咐,广德王学着鄯善王,也把自己的儿子送到圣都洛阳做侍子,以表对汉朝的归顺臣服。由于于阗和鄯善是南路的主要国家，归顺汉朝之后，南路的其他弱小国家也就纷纷效仿，归顺了汉朝。于阗城内，老百姓听说汉军斩杀了巫师，广德王斩杀了作威作福的匈奴使者，于阗复归大汉，纷纷走上街头，载歌载舞，真像过节一样热闹。

　　班超就地对于阗国进行了镇抚，宣布废除匈奴人所规定的一切苛捐杂税，把匈奴使者和巫师强取豪夺的老百姓的财物一一返还给物主，找不见物主的，便分发给处于困境的穷人，释放了被抢夺来的民女和因交不起苛捐杂税被关在匈奴人设立的大牢里的平民……赢得了老百姓的热情欢迎。班超一看奉皇命出使西域开了个好头，一班人马便驻扎在了于阗，准备筹划下一步。

第九章 捉放兜题

在大漠的北边,有一个叫龟兹的国家,当年匈奴人乘西汉末年中原大乱,汉室无暇顾及西域之机,一个名字叫建的国王统治了龟兹。这个龟兹王,凭借着匈奴这个后台霸占北路,攻破疏勒国,杀害了疏勒国王,强行立龟兹人兜题为疏勒的国王。疏勒人敢怨而不敢言,忍受着极大的屈辱和痛苦,任人欺凌压榨。

班超将下一个目标确定在了疏勒,他要绕过莎车国,抵达疏勒。疏勒地处葱岭东坡和塔里木盆地西缘,地理位置异常重要,该国北至姑墨、龟兹、焉耆等地,南至于阗等国。汉明帝永平十七年(74年),班超一行极其辛苦,他们都是行进在大漠地带，经过长途跋涉，绕开莎车，到达疏勒，从大漠的腹地斜穿而过，班超他们这次真是舍命而为了。

使团来到疏勒，驻扎在离兜题把持的槃橐城九十里的地方。在临时搭起的营帐里，班超一行人商议收复疏勒的对策，并派人把自己准备收复疏勒的计划报请窦固转告朝廷。班超分析道："兜题不是疏勒人，他对疏勒的统治非常残暴，把疏勒人民当作奴隶，想杀就杀，毫无人性。兜题这个残暴的统治者如同坐在火山口上一样，随时都有被疏勒人民推翻的可能。"经过一番商议，班超把进入槃橐城的重任交给了身材瘦小但身手敏捷的田虑。班超让田虑带着几名壮士作为先锋进入槃橐城，劝降疏勒王兜题。他嘱咐田虑："疏勒王兜题，本不是疏勒人，疏勒人肯定不愿听从他的命令。你们去了以后，采取先礼后兵的办法，先劝说兜题投降。他若不投降，你就逮住他。"大家对田虑很不放心，特别是班超的从事郭恂，忧心忡忡地说："疏勒城池坚固，人多兵广，你派几个兵卒去又能怎样？而且田虑身材瘦小，一脸的娃娃气，去后恐怕遭到疏勒王兜题轻蔑。不如让我先去联络一下疏勒本地贵族，结成联盟，配合行动，共同对付龟兹人。"班超心里自有筹算，正因为田虑瘦小，可以麻痹兜题，乘其松懈不防备，下手捉拿。班超笑着对郭恂说："郭从事大可不必忧愁，几个兵卒当然不能对抗一国，然降服兜题一人是足够的！兵法说'擒贼先擒王'，何况兜题是个冒牌'王'呀。"

田虑带了几名壮士来到了槃橐城，见到了兜题。兜题本就

依仗龟兹王的势力骄横跋扈惯了，看见田虑身材瘦小，一副娃娃相，且势单力薄，根本不把田虑放在眼里，态度十分傲慢。无论田虑如何劝降，他一概不听，并且轻蔑地嘲笑田虑："哼哼，你口口声声大汉大汉的，我看叫你小汉差不多。"田虑一看"先礼"不成，只能"后兵"。再看兜题左右只有几个卫士，他便借口走到室外，告诉带来的几名壮士下手的时机到了。壮士们一看到田虑的手势，冲进屋内，拖倒兜题，将其五花大绑。田虑提起尖刀对准兜题的心窝，厉声对兜题周围的卫士言道："谁敢轻举妄动，我就一刀结束兜题的狗命！"兜题周围的几个卫士见状，四散逃跑了。真不出班超所料，疏勒人真的没有一个人愿意帮助兜题这个外来的国王，个个装聋作哑躲得远远的。

田虑本想派人报告班超，半路上正好与班超带领的其他壮士相遇。班超召集起疏勒的官员和槃橐城里的老百姓，告诉他们："龟兹无道，杀害了贵国的国王，投靠了掠夺你们的匈奴人，你们真是受苦了。我是大汉朝廷派来的使者，愿意为你们主持公道，脱离苦海，为你们的老国王报仇雪恨，推翻龟兹人、匈奴人的残酷统治，你们现在可以立自己的国王。"

官员和老百姓们纷纷告诉班超，被龟兹王杀害的原疏勒王没有子嗣，但他的哥哥有个儿子，叫榆勒，在龟兹人杀害老国王的时候，侥幸活了下来，可以立他为国王。班超就命人找来榆勒，当众宣布："今天我奉大汉皇帝之命，立榆勒为疏勒国王，并赐名为'忠'，意为效忠汉朝。"班超的这一举措大受疏勒臣民的欢迎拥护。疏勒的大臣们心悦诚服，疏勒的老百姓无比欢喜。疏勒王忠走马上任，摘下兜题头上的王冠戴在自己的头上，与大臣们稍作商议，就立即请求班超杀了兜题，以平民愤。班超此时想的是更大的谋略，便拒绝了疏勒王忠的请求，说："大汉皇帝历来仁慈，杀了兜题有什么用处？还不如放他回去，也好让龟兹王知道，大汉皇帝是不愿意随便杀人的明君。"兜题听说赦他不死，立即跪地连磕响头，感激得涕泪俱下，逃回了龟兹。

兜题被放回了龟兹。龟兹王一听，气急败坏。从此，龟兹与疏勒结下了仇恨。处理完疏勒事件，班超命人把这里的情况报告给了窦固。窦固听了非常高兴，认为班超在短短的时间内收复了鄯善、于阗和疏勒三个西域大国，非常赞赏班超的谋略和胆识。此时，窦固与奉诏归属窦固统领的驸马都尉耿秉、骑都尉刘张带兵西出敦煌，越过边塞来到蒲类海，一路进军，进入车师国境。车师国分前后两部分，前车师王是后车师王的儿子。汉军按照耿秉的建议出其不意地攻下了后车师，令后车师王召他的儿子前车师王归降，汉军因此顺利攻占了车师国全境。收服了车师国，起到了同班超南北呼应的作用。窦固便派人告诉班超，为了彻底完成收复西域的大业，班超应继续留守在疏勒。

第九章 捉放兜题

第十章 耿恭步武

汉军一连大败呼延王,占领伊吾城,收复鄯善、于阗、疏勒、车师等地,使得西域局势趋于稳定。于是,窦固就上奏汉明帝,请求重新设置西域都护和校尉等官职。这一请求得到了汉明帝的批准。汉廷决定任命陈睦为西域都护,班超使团的郭恂也因功调升西域副校尉,作为陈睦的副手驻扎在焉耆国境内。同时,关宠被任命为己校尉,屯驻在车师前部的柳中城。中断了多年的汉朝与西域各国的使者往来和货物贸易,经过许多人特别是班超的努力,终于又重新建立起来了。汉朝同西域各国的正常往来得到恢复后,西域形势大为改观,东西方商人互相往来,贸易发展了,"丝绸之路"在冷落多年后重新热闹了起来。萧条多年的西域，到处呈现着一片欣欣向荣的景象。

老子言："福兮祸所伏"。汉军击败匈奴，匈奴虽然遭受重创，但并没有伤了元气。他们不甘失败，抓紧时间，弥补战争受到的损失，企图重整旗鼓，卷土重来，图谋把西域再次据为己有。

"天有不测风云"。就在匈奴卷土重来之际，汉明帝永平十八年（75年）秋天，力主收复西域的一代明君汉明帝刘庄驾崩，汉章帝刘炟即位。

中原国丧期间，匈奴人乘机加大了反攻的力度。龟兹王建见此情形，认为自己称霸西域之时已到，在北匈奴的支持下，便鼓动北道之焉耆、危须、尉犁三国部队派出四万大军攻打驻扎在焉耆国乌垒城的西域都护陈睦。陈睦见势不妙，忙派人联系焉耆国，准备与他们联合死守，但为时已晚。陈睦手下只有两千多名将士，难以抵抗。加之陈睦他们不悉敌情，很快被敌兵攻破城池。陈睦、郭恂以及两千多名将士全部罹难，史称"陈睦事变"。

消息传出，天下震惊。自汉宣帝时安远侯郑吉首开西域都护，百余年来，西域诸国皆以都护为至高无上之权威，大汉强大实力之象征。可如今，三个域外小邦，居然敢将堂堂汉帝派遣的两位要员杀害，这在历史上可是绝无仅有的大事件。班超闻讯，不由脸色大变，发誓要报仇雪耻。

汉明帝永平十八年(75年)冬天,北匈奴派兵分别攻打车师后部金蒲城和车师前部柳中城,使汉朝的戊、己二校尉陷入重围。这时汉军死守孤城,形势十分危急。但由于汉朝正在国丧期间,便没有发兵救援。车师国看到这种情况,也叛变了汉朝,投靠了北匈奴。这样一来,西域北道又重新被北匈奴控制了。

车师国被匈奴重新占领不久,匈奴军队乘胜包围了戊校尉耿恭①的驻地金蒲城。耿恭在孤立无援的情况下坚守金蒲一年多,终于到了弹尽粮绝的地步。耿恭手下的兵民仅剩下几十个人,却并没有使城池失守。匈奴人大惑不解,以为汉军有天神助力。车师国王妃王夫人的祖辈是汉人,常悄悄地给耿恭通报军情,并私下供给汉军粮饷。耿恭曾亲自登城,与敌作战。他让部下把毒药涂到箭镞上,向匈奴兵喊话:"我们汉军的箭是神箭,那些中箭的人创口一定有怪异之事发生。"喊完,就拉开强弩发射毒箭射击敌人。中箭的匈奴兵看到自己的伤口迅速溃烂,于是大惊失色。正赶上天降大雨,耿恭乘着风雨大作率众出击,杀死了大量敌军,其余敌军惊恐万状,纷纷说:"汉兵像神一样,真是太可怕了!"于是解除包围,退兵离开。

耿恭因为水源问题引兵转移到疏勒城②。疏勒城有涧水流

---

①耿恭字伯宗。汉明帝永平十七年(74年)随军打败车师国,并将车师国纳入东汉版图,故被朝廷任命为戊校尉,屯兵金蒲城。
②此疏勒城并非疏勒国,疏勒国在今新疆喀什地区疏勒县。

过，可以保证士兵夏季的饮水。同时，疏勒城正当通往山南的要道，可以防止匈奴攻略位于山南的各西域小国。匈奴人很快发现了耿恭部的意图，再次将耿恭部合围在疏勒城。匈奴人把涧水的上游壅塞住，想渴死汉军，耿恭率众在城内掘井十五丈仍未见到水源，但仍坚持继续挖掘，泉水最终喷涌而出。耿恭令军卒在城头向匈奴军泼水。匈奴将士认为有天神帮助汉军，吓得撤军而去。此时，附近的国家都已向匈奴投降，形势十分险恶。城中汉军虽然不断有人战死、病死、饿死，只剩下了数十人，但也没有人向匈奴投降。被困日久，将士们饿得要死，只得把身上的皮制铠甲放进锅里煮软一些，然后切成一块块地分下去，吞嚼充饥。再后来，连皮甲都吃完了，迫不得已，汉军将弩也拆了，把上面绷着的皮条和用作弓弦的兽筋同样煮了吃。护具和武器是战士的第二生命，但为了填肚子，这些都顾不得了。这时匈奴单于亲临城下，知道城里的汉军已经疲惫不堪，却还不投降。匈奴人虽作战凶猛，但是心肠直，敬重英雄，于是单于心生敬意，便招降耿恭，告诉耿恭只要投降，就封耿恭为白屋王，并且将美女嫁给耿恭做妻子。这时令人震骇的一幕发生了——耿恭假装答应投降，将匈奴使者骗进城里，然后亲手击杀，并在城上架起一堆火，用火炙烤尸体，与大家分而食之，耿恭这样的行为等于自断投降之路，告诉敌人，我们宁死不屈，血战到底！

刚刚继任皇位的汉章帝得到消息：整个西域或许已经落入匈奴手中，上任不久的西域都护陈睦战死，驻扎柳中城的关宠部、驻扎金蒲城的耿恭部被合围。而这两支不过数百人的小部队一旦被消灭，匈奴军队将会长驱直入山南。多数大臣都认为救援没必要，失去西域已经不可避免了，而那些战士们已经注定为国牺牲了！但是，年轻的皇帝却被以司徒鲍昱为代表的大臣的决心所打动，汉帝国从来不冷却英雄的热血，即使这次救援注定失败，也要向世人宣告：汉帝国从来不会放弃为它战斗的勇士！于是汉章帝就派遣秦彭与王蒙、皇甫援征调七千人马于汉章帝建初元年（76年）正月从柳中进击车师。北匈奴见势遁逃，车师国又归降了汉王朝。

汉朝的救援军到达了柳中城后正逢天降大雪。关宠的部队已经全军覆没，在严寒的天气下，救援军认为处境更加艰难的耿恭部更不可能存在了，于是统兵的秦彭等将领决定返回，毕竟他们不能冒险把全军置于危险之地。

这时，一个叫范羌的小军卒死活不愿返回。当他听到统兵认为耿恭可能全军覆没，故不再前去救援耿校尉时，他斗胆拦住秦彭的战马不放，大哭着要去救援耿校尉。耿校尉是死是活，他活要见人，死要见尸。范羌拢住马头不松手，眼珠子都急红了，秦彭、王蒙和皇甫援都被范羌的举动感动了，在场的将士们也被感动了，许多兵卒愿意跟范羌一起前去疏勒城救援。秦彭与王蒙、皇甫援商量了一下，分给范羌两千人马，前往疏勒城救援。

大雪纷飞，寒风呼啸，范羌带领两千人马踩着齐腰深的积雪，沿着崎岖的山路向北出发，就这样走了一程又一程，仍不见耿校尉的踪迹。有人建议范羌："还是回吧。"可倔强的范羌怎么肯回头呢？一行人历尽千辛万苦终于摸黑到达疏勒城下。城中汉军已经所剩无几，还活着的都已失去了战斗力，半夜察觉有军队到达城下，以为是匈奴军又来了。正当大家决心与匈奴同归于尽，以死报国的时候，只听城下有人大声喊道："我是范羌啊，是汉朝派兵来迎接耿校尉的，救你们回国！"耿恭站在城头一看，果然是范羌，连忙打开城门，迎着范羌相拥大哭起来。这时候，城内仅剩下的二十六人也跑出城门，连呼"万岁"。

范羌见到了还活着的耿校尉，激动得双膝跪地。他还没有忘记耿校尉曾交给自己到酒泉城领取棉衣的使命，央求耿校尉的饶恕："耿大人，我范羌有辱使命，匈奴占道，我没有完成您交付押送棉衣的任务，让将士们受苦了！"耿恭连忙扶起范羌："还说这些干什么，你侠肝义胆，冒死前来救我们，我应该谢你才是。"说着就要屈膝，范羌连忙阻拦并命火头军赶紧取出带来的食物和酒。耿校尉和壮士们吃饱喝足以后，范羌将耿校尉扶上了战马，并安排手下的兵士将城中的二十六名壮士能扶上马的扶上马，扶不上去的用担架抬着，顺着原路返回。

第十一章 孤胆英雄

"陈睦事变"、戊己校尉失利,带领三十六名壮士深入异域的班超本就显得十分孤立无援,加之汉明帝之死,班超的处境更加艰难。他们孤守在槃橐城,与疏勒王忠互相配合,在势单力薄的境况下坚持孤军奋战一年多,维护了汉朝的疆域。

那么,班超孤军奋战一年多,境况到底如何呢?

就在这一年,龟兹王一看形势突变,认为杀死汉使班超、驱逐汉朝势力退出西域的时机到了。在龟兹王的心中,班超成了他谋图称霸的眼中钉、肉中刺。他苦心经营的疏勒政权被班超仅仅三十六人的使团轻而易举地灭掉了,不但使他在西域威风扫地,还破坏了他的称霸大业。班超不除,终是大患。于是,龟兹王便联合姑墨等属国发兵攻打疏勒。

大敌当前，班超苦思冥想，突然想到《孙子兵法》中的话："十则围之，五则攻之，倍则分之，敌则能战之，少则能守之，不若则能避之。"他一边想，一边嘴里念叨着"少则能守之，不若则能避之"。班超停住了踱来踱去的步子，正好朵儿进来送水，他立即让朵儿叫来随同的三十六名壮士共同商讨。

班超告诉大家："现在大敌当前，我们势单力薄，既无援兵，又无退路，如与敌兵交战，必败无疑。兵法上说，兵力比敌军弱，就不要与敌交战，就得守。对于不能战胜的敌军，只有以守为攻，才能掌握主动权，才能避实就虚，出奇制胜。"听完班超的论述，大家各自谈了自己的看法。霍耀说："武术中讲的是防中有攻，攻中有防。敌强我弱时以防为主，敌弱我强时以攻为主。"田思说："关中人有句话叫'石头大了绕开，惹不起了躲开'。'绕'和'躲'，应该就是你们说的'防'和'守'吧？"大家你一言他一语，探讨了好长时间，最后一致赞同班超的观点：当下，只要保住疏勒国、守住槃橐城，使疏勒人民看到希望，我们就能坚持下去；使周边国家看到希望，我们就能重领西域，就能夺取最后的胜利！班超最后说："指望我和你们三十六人，防守也是做不到的。我们只有团结疏勒兵民，齐心协力，共同应对敌人的进攻，才能使城池固若金汤。我们的主要任务是带领疏勒兵民，分头把守各个城门要塞，严防敌人各个击破。"

有了战略筹谋，班超便把疏勒王忠请来问道："龟兹、姑墨两国来势凶猛，你作何打算？"疏勒王忠说："这么些年来，疏勒人饱受龟兹人盘剥，痛苦不堪，如今刚过上好日子，我怎么能让百姓再受苦难！"班超见疏勒王忠态度坚决，告诉疏勒王忠："龟兹兵多将广，我们只有把兵民团结起来，与敌人周旋，才能打退侵略者！"疏勒王忠答道："我们听班司马的部署，死守槃橐城。"

班超来到疏勒民众中间，告诉大家："现在，敌众我寡，我们疏勒很有可能再次被龟兹霸占，大敌当前，我们应该怎么办？"有民间绅士高声说道："战，是一死；不战，也是一死，不如同他们拼了！"班超一听，民众基础尚好，就登上高台，大声地讲道："现在敌人来犯，他们人数众多，我们兵力太少，为保安定的生活，为不再受龟兹奴役，大家都要行动起来，拿起家伙，全民皆兵，坚守自己的家园！"班超带有激励性的讲话极大地鼓舞了疏勒民众的士气。大家纷纷拿起武器，投入到保家卫国的行列之中。

在班超的组织下，三十六名壮士分别带领疏勒兵民把守各个城门要塞。疏勒兵民齐心协力坚守城池，使龟兹、姑墨联军久攻不下。驻扎在槃橐城外的龟兹王求胜心切，不断地发动兵将攻城，均被班超带领下的守城官兵一一瓦解。龟兹王气急败坏却又束手无策，眼看带来的粮草不多了，只得分出一部分兵力去调运粮草，这样又极大地减少了攻城力度。龟兹王急得团团转，而姑墨王本来就是被迫协同作战，见一时攻城不下也渐渐失去信心，若不是碍于龟兹王的威逼，早就溜之大吉了，故每日里只是虚张声势罢了。

坚持数十天之后，班超见城外龟兹王的攻势渐渐弱了下去，知道初守奏效，便鼓励守城兵民："龟兹、姑墨远道而来，只要我们坚守城池，不被他们攻破，他们的粮草一定会供应不上，一定会士气低落。到那时，不用我们追杀，他们也会不战自退。现在，他们的攻势已经大不如前，看来，他们的粮草可能出现问题，锐气已失，我们只要咬紧牙关挺到最后，就一定能获得胜利。"班超的分析又一次激励了疏勒军民的士气。大家想尽一切办法，一次次击退龟兹、姑墨联军的大举进攻。

龟兹王的速战速决计划以失败而告终，但他仍不死心，多次征调军需，企图把班超他们困死在槃橐城中。数月之后，征调军需的头目禀告龟兹王，国内已无粮草可调，沿途民众由于战乱皆逃之夭夭，很难征到粮草。龟兹王叫来姑墨王，想从姑墨征调粮草。姑墨王本就是一毛不拔的主儿，听到龟兹王向他征调粮草，敷衍道："我们也很困难，不向龟兹借粮草就是万幸，现在国内也是无粮可征可调，将士们的每日口粮只能减半供应。"

班超每日不断地在城头观察敌军的攻势。他看到，敌军由开始时的每日数攻，到如今成了数日一攻，连击鼓的次数都愈来愈少，且鼓声显得有气无力。他又观察到，敌营里的炊烟每天只冒两次。看来,再坚持守城一段时间,龟兹王将不战自退。班超又一次召集城内兵民,告诉了大家他对敌情的分析,并安排守城的各路将领,只要敌人一发动攻城,就狠狠回击,让攻城者有来无回。

快一年了,姑墨王实在坚持不下去了,借口自己生病了,给龟兹王留下一句话便偷偷溜回姑墨去了,只留下部分兵力,象征性地活动活动。龟兹王也筋疲力尽了,但还是死要面子。他气势汹汹而来,怎么能垂头丧气而归呢?他们就这样死乞白赖地在槃橐城外僵持着。班超仍然坚持观察敌情变化。他发现敌营里的炊烟由前段时间的一日两次,变成了一日一次,近来又成了两日一次,甚至数日一次。他立即召集守城兵民,告诉他们离最后的胜利已不远了,大家做好追击的准备。他又告诉大家,追击不能过远,出城驱赶一下即可。坚守了一年多,城内的积蓄也快要告罄,要迅速结束战争状态。

就这样,小小的盘橐城,龟兹、姑墨等国联军攻打了一年多也没攻破。龟兹王只得偃旗息鼓乘着夜幕偷偷地撤兵了。班超带领疏勒军民,在孤立无援的困境中坚守槃橐城一年有余,极大地削弱了龟兹的实力,沉重地打击了龟兹的嚣张气焰,有效地阻止了匈奴人的南侵。整个西域又出现了有利于汉朝的局面。

第十二章 斗胆抗旨

永平十八年（75年）前后，中原连年灾荒，民不聊生。连年发动对匈奴的战争使百姓不堪重负。西北战局不稳，陈睦、郭恂二将命殒黄沙，班超孤军奋战，分别镇守金蒲城、柳中城的耿恭、关宠要求增援……于是，汉章帝即位后不久便召开御前会议，商议西域之事。文武大臣争论不休，文臣主张撤兵，武将主张出兵。汉章帝权衡利弊，同意了撤兵派的意见，于是下诏命驻扎在西域的兵马撤走。同时派兵前去救援耿恭、关宠等人。汉章帝又怕班超像陈睦、郭恂一样，加之他又远在南道，援军只能派向北道，难以顾及，故下令班超离开西域，返回京城。

人还在疏勒国的班超接到汉章帝的圣旨后一夜难眠。自己收复西域、建功立业的宏图霸业就这样半途而废吗?但君命难违,不得不从,班超只好通知随从,做好返回洛阳的准备。

汉使将要返回洛阳的消息迅速在疏勒国传开,这令疏勒全国官民震惊,一片恐慌,非常担心班超等汉使撤走后受匈奴人支持的龟兹再次霸占疏勒。许多人竟然嚎啕大哭。疏勒国都尉黎弇情不自禁地哽咽着说:"大汉使臣若是弃我们而去,疏勒必然会重新被龟兹所灭。我实在不愿看到大汉使节离开我们,不愿看到我们被龟兹人再次奴役的悲惨情景。"说罢,他脖子一扬,拔刀自刎,两眼圆睁,死不瞑目。班超听到这个消息非常震惊,许多疏勒民众也纷纷来到汉营跪求班超别走。可班超没有办法呀,大汉王朝信奉的是"君为臣纲",君命难违啊!他只得不断地向疏勒民众解释:"大家要体谅我的难处,我也不愿意离开西域,但君命难违,我班超没办法。"班超就这样留恋不舍地离开了疏勒。

班超带着和他出生入死的三十六名壮士返程洛阳,刚到于阗,就被闻讯赶来的于阗军民夹道围住,开始有人劝阻,进而哭劝,霎时哭声一片,许多人嚎啕大哭,纷纷哀求:"我们于阗人依仗汉使,就像依仗我们的父母,你们实在不能离开我们呀!""你们来了,我们才活得像个人;你们走了,我们的生活连猪狗都不如!"许多人干脆抱住马腿,不让汉使前行。

此时，突然狂风大作，飞沙走石，天际一片昏暗。风沙声、哭喊声，响成一片。风沙打在人的脸上，让人疼痛难忍，眼睛根本不敢睁开。这般天气，于阗民众还是不愿离开。班超稍稍睁开眼睛，看了看天，看了看人，心想，这真是天留我也！于是他便转告随从，停下了返程的步伐。于阗民众听说班超他们暂时不走了，呼啦啦跪倒了一大片，纷纷叩头感谢。

班超一行来到了于阗王给他们准备的临时住所。班超与大伙儿一起商议，走还是不走。大伙儿说了半晌，也没个什么结果，最后大家一致同意，听从班司马的安排。班超分析道："君为臣纲，大汉皇帝命我们返回洛阳，我等不敢不从。可疏勒、于阗的民众不让我们返回，疏勒都尉为此自杀，于阗民众为此抱住马腿。人心都是肉长的，我们难道忍心让这里的民众再受匈奴人的奴役吗？'君命难违'，但'将在外，君命有所不受'，只要我们能守住大汉好不容易收复了的西域阵地，我想，圣上是不会怪罪我们的。但有一点，我们必须得'守住'，若守不住，那就是真正违抗了君命！"他又非常有担当地告诉大家："这是我个人的决定，违君命之责由我班超一人承担，与大家无关。"

班超还分析了以后的形势："朝廷命驻扎在西域的官兵全部撤回，从今往后，我们将更加孤立无援，形势更加严峻，时时都有生命危险，愿意跟我同甘共苦者留下，愿意东归者不管今后到了哪里，永远是我的兄弟。"三十六名壮士都留了下来。

这时，班超想起了早年自己立下的宏愿：大丈夫就算没有别的志向，也应当仿效张骞、傅介子，在异域立功封侯……

班超深知，这一走一留并非这么简单，朝里有奸臣，定会在圣上面前煽风点火；家中有老小，定会为远在天边的游子征夫们担惊受怕；此后无援军，就剩下身边的三十六名壮士相依为命；匈奴更猖狂，先前总是派龟兹等这样的爪牙国家和汉使作对，日后大有直接对抗的可能，形势会越来越严峻；那些弱小国家，本就摇摆不定，肯定会出现反水者……

他终于下定决心，违抗君命留在西域。没有了退路，只能背水一战了。

班超不走了的消息迅速传遍于阗。于阗民众载歌载舞，全城欢腾，令班超一行万分感动。

以前，班超只是听说于阗人能歌善舞，这次身临其境，真正感受到了于阗民众如何用歌舞来表达自己欢喜的心情。只见大街小巷耍起了于阗人喜闻乐见的顶碗舞、盘子舞、手鼓舞[①]等。

[①]"顶碗舞"是一种集民族性、民间性、技巧性和欣赏性于一体的女子集体舞。年轻美丽的姑娘每人头顶六只茶碗迈着舒缓而端庄的舞步，用手上的顶针敲击着节奏。"盘子舞"带有杂技色彩，表演难度较高，头顶几个碗，手持小碟和筷子敲击节奏，击打盘子的同时做各种动作，舞动舞步并保持身体的平衡。"手鼓舞"是舞者用一只手鼓伴奏起舞，动作细腻柔软，舞姿轻盈优美，头部左右摆动。鼓点与舞蹈紧密结合，表现出一种欢乐的情绪。

优美的舞姿,高超的技艺,悠扬的歌声,但班超一行无心欣赏,第二天便告别了于阗王,告别了于阗民众,原路返回疏勒国。经过一番长途跋涉,当回到疏勒时,如班超所料,他们走后不久,疏勒两座城里的守城头领便反水叛变,投降了龟兹和匈奴,跟疏勒北边的尉头国联合起来对抗疏勒王。

疏勒国位于天山脚下,水源丰沛,草原辽阔;土地肥沃,宜耕宜牧,庄稼丰茂,牛羊肥壮,更是西通东达的交通要道。只要天下太平,这里商客云集,商旅穿梭……疏勒是重整汉室在西域威严的基地,班超说什么也不能失掉疏勒。

疏勒王在班超走后,对两座城池的反叛毫无办法,只剩下坐以待毙。班超返回,给了疏勒王看到光明的机会。班超找到藏在王宫不敢露面的疏勒王,讲了他在于阗所遇到的事情以及他的想法和打算。他告诉疏勒王,眼下当务之急是平息两城的叛乱,尽快恢复疏勒的安定。赢得疏勒王的支持后,班超顾不得安顿自己出行时的包裹行囊就立即召集全城军民集会,发出向反叛者进军的誓师动员。集会时,有人提出:"你们汉使说走就走,留下我们成了龟兹、匈奴人的活靶子,我们凭什么听你的?"班超回答道:"我现在已经违抗了大汉天子的君命,自断返回京都洛阳的后路,只能留在疏勒,同你们共存亡了。不定西域,永不东归!"班超的一席话令集会者群情振奋,台下一片欢呼。

班超一看，人心尚在，便立即组织人马向叛城进军。叛首万万没料到，班超竟敢违抗君命返回，吓得不敢出城迎战。而城内军民，这几年饱享了汉朝给他们带来的福祉，本就不想背叛汉朝。他们看到汉使已经返回，纷纷倒戈，擒拿了叛首，打开了城门迎接班超的人马入城。班超凭借汉朝的威严和自己在疏勒树立起的威信，很快就平息了疏勒内乱。他又乘胜追击，一举打下了尉头国，杀敌六百多。疏勒重归安宁。

第十三章　胸怀韬略

"陈睦事变"以后，西域的局势变得于汉朝愈来愈不利。汉章帝下诏撤兵西域以后，放弃了伊吾城，关闭了玉门关。匈奴人乘机反扑，重新占据了伊吾城。北路的国家对汉朝本就不大友好，此时，又纷纷倒向匈奴。北路的局势，班超实在无法掌控，只得暂时放弃北路，集中精力经营南路。只有把南路各国团结起来，才能向北路进军。为了稳住自己在西域孤军奋战的阵脚，班超暗自思忖：现在急需用一场大胜仗威震西域。

于是，班超和手下的壮士分赴于阗、拘弥、康居等疏勒周边的几个国家，说服其国王，派兵抗击匈奴。到汉章帝建初三年（78年），班超已集结了疏勒、于阗、拘弥、康居四国的一万多士兵，准备向北选择势力比较薄弱的姑墨国予以打击。姑墨是龟兹的附属国，与龟兹勾结，成为疏勒北面的主要威胁。从战略上看，攻打姑墨可以断龟兹之胳臂，陷龟兹于孤立。从战术上看，姑墨势力相对薄弱，击敌软肋，才有取胜的把握。

班超率领疏勒、于阗、拘弥、康居四国的一万多兵力攻打姑墨石城，大败姑墨军队，取得了大捷，姑墨随后投降。

班超虽然身在万里之外的西域，孤军奋战，但是一直心系大汉社稷，想的是平定整个西域，恢复大汉对西域的统治和治理。于是他向汉章帝起书上奏，请求汉章帝发兵西域，攻打北匈奴。

奏章曰："臣曾知先帝欲开通西域，派兵攻打北匈奴，使鄯善、于阗当即臣服。如今拘弥、莎车、疏勒、月氏、乌孙、康居诸国都欲归顺汉朝，欲与我并力破灭龟兹，打通西域同汉朝的道路。若能收复龟兹，西域各国绝大部分就可以归顺汉朝了。臣虽是一介小吏，实愿效命绝域。五年来，臣等留驻西域，对这里的风土民情、军政形势都了如指掌。无论大国小国，皆愿依附汉朝，西域人心是向着我们大汉的。葱岭道路是可以打通的，道路一通就可以进攻龟兹。现在臣建议朝廷把龟兹派往大汉做人质的龟兹侍子白霸封为龟兹国国王，派步骑数百送他回龟兹，并联合西域各国军队。用不了多久，我们就能捉住现在的龟兹王，平定龟兹。我们应该'以夷狄攻夷狄'，这是最好的计策。臣见莎车、疏勒田地肥沃广阔，草木丰茂，养兵可不由内地提供粮草。姑墨、温宿二王都是龟兹所立，不是本族人，当地百姓反对他们，必有愿降我者。若二国来降，则龟兹自破。臣万死不悔，但愿臣亲见西域平定，匈奴不敢来犯，天下太平，圣上安康。"

汉章帝看了奏章，由对班超违命不归的埋怨转为谅解。自从放弃西域，重闭玉门关，汉章帝就与班超绝了音讯，几乎忘记了这个不归的臣子。如今面对班超的奏章，汉章帝实难相信，班超孤军无援，仅仅带着三十六名随从，竟然取得了如此功劳。这几年能使西域发生如此巨大的变化，全凭班超出色的才能。《孙子兵法》上说："故上兵伐谋，其次伐交，其次伐兵，其下攻城。"若如班超所奏，用西域之人、西域之粮、西域之才、西域之兵，平西域之乱，如此之道，汉朝不用耗人、耗物、耗财即可完成西域大业，何乐而不为呢？

汉章帝立刻召集文武大臣商议发兵西域之事。群臣听说遥远的西域危机四伏，班超孤军在西域奋战，这些年竟然取得了如此人的成就，并且控制着许多小国，倍受鼓舞。可是，讨论派谁去支援班超，谁能完成护送龟兹侍子的使命，无人回应。好几个月过去了，终于，有一位名叫徐干的人，与班超是同乡，并与班超志同道合，自愿赴西域帮助班超。汉章帝便命徐干为假司马，带领一千多人马从南路行军，支援班超。

就在班超等待汉章帝诏令的期间，莎车国以为汉朝不会再发兵西域了，便投降了龟兹。疏勒国的都尉番辰也认为班超兵力不多，再次反叛汉朝。正在危急关头，徐干一行人马及时赶到。班超大喜，与徐干一道攻打番辰，斩首千余，俘获更多。番辰大败，疏勒趋于平定。

第十四章 坦荡君子

危难之中的大捷来之不易，更加激励了班超拿下龟兹的决心和信心。番辰的叛乱好平，尉头、姑墨等国也不在话下，但面对顽敌龟兹及其追随者莎车，如何取胜呢？班超陷入了深思：龟兹是西域大国，凭借着投靠匈奴的势力，不可能像姑墨那样的国家，轻而易举地被战胜。那究竟该怎么办呢？班超想到了他上次给汉章帝的奏章中提到的"以夷狄攻夷狄"的战略。一个向来对龟兹不满的国家闪现在他的眼前，那就是乌孙。乌孙是西汉时由游牧民族乌孙族在西域建立的似游牧非游牧、似城郭非城郭的国家。在汉武帝、汉昭帝时曾与汉朝交好、联姻，

此后结成联盟，共同对付匈奴。汉宣帝时，汉乌合力夹击，曾大败匈奴。但如此大事，班超不能自己做主，必须奏明朝廷，以求上峰定夺。班超便立即给汉章帝修成奏章一本。奏章的内容是，乌孙是有十万大军的西域大国，武帝时曾把公主嫁给乌孙国国王。汉宣帝时，乌孙发兵五万助汉击破匈奴。如今，我们可派使臣对其予以慰问，从而合力击破龟兹。

汉章帝看了班超的奏章，觉得班超言之有理，便积极筹备联合乌孙攻打龟兹的事宜。到了汉章帝建初八年（83年），汉章帝下诏，任命班超为将兵长史[①]。与别的长史不一样，班超享受的是大将军待遇，出行可以使用鼓吹、幢麾[②]。这些既可以褒奖班超的功绩，又可以炫耀汉朝的国威，一举两得。汉章帝一并委任徐干为军司马，接替班超原来的职务。同时，另派李邑护送来洛阳觐见皇帝的乌孙国使者回国。乌孙国国王原称昆英，后改为昆弥。西汉时，乌孙国曾发生兄弟争位事件。西汉朝廷立其兄为大昆弥，立其弟为小昆弥，分地而治。这次，汉章帝让李邑带了许多绸缎、布帛分送给乌孙两个国王。

李邑打算护送乌孙使者从南道绕过葱岭回乌孙。到了于阗时，恰逢龟兹进攻疏勒。李邑得知战火纷飞，心惊胆战，不敢前行。他想返回京都洛阳，但又不想承担违抗君命的责任。如

[①]西汉时，长史在边郡掌兵马；东汉时，罢边郡之丞，以长史兼其职。
[②]仪仗队的旗帜。

果就这样打道回府，汉章帝怪罪下来，不是杀头就是坐牢，他想想都吓得浑身打寒战。思来想去，李邑起了小人之心，耍了一个花招。他立马给汉章帝奏了一本，言说西域各国自立，互相残杀，班超联络西域的事是子虚乌有，很难成功；又诋毁班超在西域拥爱妻、抱爱子，享受荣华富贵，因此不愿回到中原来，根本无顾及国家之心，等等。

其实，李邑上奏汉章帝，言说班超在西域娶妻生子也不是无中生有。班超为了适应当地的风俗，为了在西域树立自己的形象和威信，表示坚定地留在西域，让西域各国民众放心，便想在疏勒国娶一个当地的姑娘为妻。疏勒府丞成大告诉班超，前疏勒王被兜题灭门时有一小女隐藏于民间，现在已过出嫁年龄。其他人由于畏惧兜题的淫威不敢与其成亲，班将军可否纳其为妻？班超没有犹豫就一口答应下来。班超的这位夫人，史称疏勒夫人。一年后疏勒夫人生下了一个壮实的小子，取名为班勇。不但班超如此，他手下的三十六名壮士，除朵儿、田虑年龄没上二十岁、几个羌卒不与外族人通婚外，其他人在于阗或在疏勒都成了亲。玉器店伙计出身的卞升、杂耍艺人出身的薛金就是在于阗成亲的。田思在攻打姑墨时负了刀伤，在疏勒一农家养伤，与主家姑娘日久生情，最后结成了秦晋之好，田思、田虑兄弟俩每次战后也有了个可以回去的"家"。于阗的玉器驰名洛阳，卞升曾说，如果平定了西域，他将做一个玉器商，

与妻子一起往返于西域与中原之间，到那时，将赚他个盆满钵满。于阗的歌舞迷倒了薛金，他与卞升的想法大同小异，将来西域太平了，他将带上他的妻子返回洛阳，搭起一个杂耍台子，让京城里的人开开眼界，见识见识西域的美丽，顺便赚得丰厚的钱财，颐享天年。

班超没有考虑以后的事情，他只是一心想着在西域扎下根、安下心，不完成自己的使命和宏愿绝不东归一步。但是，当李邑诬告的消息传到了班超耳际时，班超十分难过，说道："我虽然不是怀德至孝的曾参①，却也像他一样遭到很多人的谗言，恐怕会受到皇帝的怀疑。"班超为了表示自己对汉室的忠诚，毅然决然地与自己的疏勒夫人分开，把自己多年来积攒下的钱财珠宝全部留给了疏勒夫人和儿子。疏勒夫人也打算趁这段时间带着儿子去疏勒外面走走，让儿子见识见识外面的世事。

汉章帝是位明君，他了解班超对朝廷的忠诚，当他得知班超为此事与疏勒夫人分离的事情以后，立即下诏斥责了李邑："如果班超真像你所说的那样，陪着爱妻、抱着爱子、不思归汉，难道他手下的千余号人马都不想回家吗？你必须到班超那里去，听他的命令，不得违抗。"同时，汉章帝又给班超下了一

---

①曾参是孔子的著名弟子。少年时，曾参出门在外，有个同姓名的人杀了人，有人跑来告诉曾参的母亲，说曾参杀人了。曾参的母亲说，她的儿子不会干杀人的事。她像没听见似的继续坐在机旁织布。不一会儿又来了一个人说：曾参杀人了。曾母还是不相信。等到第三个人来告诉她曾参杀人的消息时，曾母再也坐不住了，丢下织布梭子越墙而逃。

道诏书:"李邑到了你那里,你可以把他留下,你叫他干什么,他就得干什么。"李邑本想以小人之计通过诬陷班超达到他脱离战场、回到洛阳安乐窝的目的,不料被识破,还碰了一鼻子灰,成了班超的下属。这真是"偷鸡不成反蚀米"。他只得硬着头皮厚着脸皮,来到班超的帐下。而班超得知汉章帝并未怪罪他在西域娶妻生子之后,又与疏勒夫人和好如初。

疏勒夫人是疏勒王室的金枝玉叶,自幼受过良好的家教,喜琴书、善骑射、贤淑聪颖、落落大方、治家有术、教子有方。她与班超的结合,不仅是郎才女貌的美满夫妻,也是志同道合的绝世知音。为了便于交流思想情感,共同探讨文韬武略,班超教她习读汉文,她教班超学习疏勒等西域诸国语言文字。平时她在生活上对班超的关怀无微不至,尽量安排好家务,应酬好来往关系,以便让班超集中精力处理军政事务。二人可谓甜美和谐、亲密无间。李邑在诬告班超的奏章中倒是说了一句实话——班超"拥爱妻"。

对于李邑诬告一事,班超本打算要打发李邑回京请罪。但这样一来李邑的下场就会十分悲惨,按汉律该当死罪。班超回家后余怒未消,疏勒夫人问清缘由,劝慰道:"夫君乃闻世的丈夫,对此区区小事何必大动肝火。依愚妾之见,命他回京请罪,不如留在身边调用,也好给他个立功赎罪的机会。况且,人非圣贤孰能无过呢,有过则改便是好汉,妾以为将帅带兵,治军要严,治人要宽为是。"班超也认同,现在正是用人之时,应该以凝聚大家的心志为重,不妨妥善处理好此事,使自己的团队更加齐心协力,完成大业。

班超的长子班雄及其生母一直在洛阳生活,在班超出使西域期间从未到过西域,而班超的幼子班勇及其生母疏勒夫人在班超出使西域期间也未曾到过内地。班超整天忙于与匈奴抗争,无暇顾及班勇母子。班勇是一个地地道道的"疏勒巴郎",疏勒夫人为了消除班超的后顾之忧,让自己的夫君全身心致力于收复西域的大业之中,自觉担负起了教育班勇的责任。为了让班勇长见识,培养班勇的意志,李邑来到疏勒不久,她便带着班勇周游西域各国去了。疏勒夫人带着班勇览山川、察地理、访民情、观风俗……班勇长大成人后,就根据这次游历的所见所闻写了一部书,名曰《西域风土记》。班勇母子二人在三年的行程中,除了游历,就是遍访名师国士习文学武。每当疏勒夫人查访到某位名人的行踪影迹时,她总是带着儿子不辞艰辛地前去拜访求教,常常不惜重金为聘。每当儿子疲于跋涉时,她就讲述班超出使途中的艰险给儿子听,并且每天陪着儿子演练学到的东西,言传身教,不断地鼓励儿子进取。就这样数年如一日,终于把班勇教育成了如他父亲一样的英雄人物。

李邑来到疏勒,感到无地自容,整日里愁眉苦脸。他听说乌孙离这里远隔千里,路途千难万险,去完成君命定有命丧黄沙之险；若不去，则是违抗君命，且当下便要受欺于班超。现在他悔恨当初，却为之晚矣。

一日，班超传李邑到他的营帐中。李邑听到传令，心惊胆战、忐忑不安、魂不守舍地来到班超处。进得帐来，却见班超面带笑容，好像啥事都没发生过一样，沏茶倒水，问长问短。当李邑心情稍有平静之后，班超像拉家常一样告诉李邑："你不用护送乌孙使者去乌孙国了。"李邑仍旧把班超往坏处想，以小人之心度班超之腹。心里想，哼，你把我留下无非是让我生不如死，我还不如死在去乌孙的沙漠里。谁料，班超接着说："你在这里好好休息一下，等待乌孙侍子的到来。等乌孙侍子一到，你就同他一起回洛阳吧。"

李邑听后，为他前面的做法和刚才的想法羞愧得无地自容。他忙问班超还有什么差事，自己一定尽力完成。班超让李邑只管休息，养好身体，以便顺利返回洛阳。

李邑从班超那里出来，一路上又喜又惊，喜的是他可以不去乌孙国，不用经受风沙之苦；惊的是班超真是一个成大事者，竟然如此不计前嫌，宽宏大量。正低头想着走着，不料竟然与军司马徐干撞了个满怀。徐干对着李邑，怒目而视，便气冲冲地直入班超营帐。

徐干见到班超，直截了当地问班超为什么如此安排李邑这样的小人，并说道："李邑在于阗时曾亲口说你的坏话，把你告到皇帝那儿，想要败坏沟通西域的大业。如今你何不依照皇上命令把他留在这里，让他受受罪？让他知道陷害别人是要遭报应的。我们完全可以另外派人护送乌孙国侍子回洛阳。"

班超回答："你说得也是个理，对待李邑这样的人，就是应该让他知道随意陷害他人对他自己会造成非常恶劣的后果。但事还是不能那样做，正因为李邑毁谤过我班超，所以我今天才让他回去。只要我问心无愧，一心为朝廷出力，就不怕别人说坏话！如果为了一时的痛快去泄私愤、图报复，那与小人有何异？我这样就不是社稷的忠臣了。"

徐干还是想不通，总觉得便宜了李邑那小子。班超语重心长地告诉徐干："我们的大业是收复西域，恢复大汉在西域的威严。对待阻碍我们大业的势力，我们绝不能姑息迁就。但李邑区区一个小人，不至于严重到阻碍我们收复西域、恢复大汉威严大业的程度。无论如何，他还是我们大汉的使臣，我们以仁慈之心对待他，他会自省的。眼下正是我们用人之际，如果心狠手辣地对待李邑，难免伤及一些曾经犯过错的将士的情感。我们千万不得做出分离人心的事情。我们包容了李邑一个人，其实就是包容我们的队伍，包容我们的朋友，乃至感化我们的对手和敌人。"

班超的一席话令徐干茅塞顿开。徐干想：班超，他时时刻刻都想着身上所肩负的大汉使命，连陷他于死地的奸人都不屑一顾，何时想过他自己啊？我徐干算是没有跟错人。

第十五章 巧平叛乱

李邑带来的"插曲"虽然对班超有一定程度的干扰,但并没有对班超收复西域的决心和信心造成多大的影响。虽然班超一连几天都在克制自己不去想这些杂七杂八的事情,但李邑这样的小人形象却时不时地会在他的脑海中蹦出来。送走了李邑,班超总算从这件令人心烦的事情中得以解脱,全身心地投入到自己的事业之中。

李邑在返回洛阳的路上觉得十分惭愧。他打心眼儿里感激班超的宽宏大量,佩服班超的忠心赤胆。他想,掐指头算来,班超出使西域已有十多个年头了,能在春风不度黄沙的西域坚

持这么久,我李邑却连一年半载都撑不住;我的奏章那可是陷班超于死地的,而他竟然如此大度地对待我,我真的是白受了十年寒窗,白读了十年圣贤书呀;汉朝天下有我李邑不多、没我李邑不少,可不能没有班超!班超是汉朝的忠臣,是社稷的良将……回到洛阳后,李邑如实地向章帝汇报了班超的作为,再也不敢说班超的坏话了。

汉章帝见到了乌孙国国王送来的侍子,更加信任班超了。汉章帝元和元年(84年),汉朝又派假司马和恭等四位将领率八百人马来到西域,借以增强班超的力量。此时,乌孙已经与汉朝结好,班超率领汉军一千八百人马,集合疏勒、于阗的兵力,准备进攻莎车。

莎车国国王提前得知消息,心里非常害怕。他想,如果现在不做准备,等到乌孙也派兵参战,三个国家加上一千八百多汉军,莎车危在旦夕。在于阗、疏勒和乌孙三国之中,于阗铁了心追随汉朝。乌孙离莎车太远,国力强盛,根本不把莎车放在眼里。疏勒离莎车较近,而疏勒王是个软弱之人,再给他多送些钱财,不怕他不听话。如此分析后,莎车王便暗地里派人联系疏勒王忠,答应给他大量的珍宝,让他反叛汉朝。这样,班超腹背受敌,内外交困,莎车才有缓气的功夫,等到龟兹援军一到,莎车必胜。

疏勒王见利忘义,见到莎车王送来的许多奇珍异宝喜不自胜，心里痒痒的。但他惧怕班超，再说他这个国王还是在班超的帮助下即位的。正在犹豫之时，莎车王派来的使者又告诉疏勒王，只要事成，还要送给他比这次还要多、还要好的珍宝。疏勒王耳根一软就反叛了汉朝。他怕自己不是班超的对手，便带领着一支叛军退出槃橐城，拥兵据守乌即城。疏勒的变故，使形势急转直下，非常不利于班超进攻莎车的计划实施。

疏勒王自有他的阴谋。虽然他对班超曾经百依百顺，也曾并肩战斗，但在他的内心里，总认为自己是在班超捉住身为龟兹人的原疏勒王兜题之后，才被封为疏勒王的，自己除了是王室后裔之外，在疏勒民众心里没有一点儿威信，无论干什么事情，都得看班超的眼色。尽管班超处处尊重他这个疏勒王，但他总想干出一番事业，让疏勒民众看看，自己也是一个能征善战的国王。因此，在莎车王拉拢他时，他稍作犹豫便反叛了。

班超万万没有料到，这个曾和他一起坚守槃橐城一年，使龟兹、姑墨联军不得不认输退兵的疏勒王，在这紧要关头却来了这么一手。他当机立断，决定暂缓实施进攻莎车的计划，先行解决疏勒王反叛之事。

主意拿定，他立即将一心向汉的疏勒府丞成大叫来商议讨逆对策。疏勒府丞成大一到，班超便开门见山地说："疏勒王见利忘义，背叛大汉，有负于疏勒民众对他的拥戴，不配做疏勒国的王。你没有随他割据乌即城，说明你对大汉是一片赤诚。

今天我要当着槃橐全城老百姓的面宣布废除疏勒王忠,让你来担当大任,请你不要推辞。"疏勒府丞成大连忙叩谢道:"谢谢班长史的信任,我将与汉军并肩,灭了这个对大汉不忠、对长史不义、对疏勒民众不仁的榆勒!"疏勒府丞成大气上心头,直呼疏勒王忠的旧名。

班超立即召集槃橐城民众集会,向疏勒老百姓讲明原疏勒王忠背叛疏勒、投靠莎车的事,宣布废除榆勒"忠"的名号和王位,立疏勒府丞成大为疏勒王。疏勒府丞成大本来在民众中就有威望,民众听了以后,果然群情激昂,齐呼:"拥护府丞成大为疏勒王,灭了叛贼榆勒!"疏勒王成大立即组织起忠于汉朝的队伍,攻打乌即城,拉开了疏勒国历时半年之久的内战序幕。

叛首榆勒仿效班超的战法守住乌即城,不轻易出城迎战。班超本想速战速决,以便集中精力攻打莎车,可谁知榆勒来了这么一手。此时,南面的莎车王齐黎、东面的龟兹王尤利和西面的叛首榆勒三股势力直接威胁着班超,战局对班超非常不利,讨伐莎车的计划只得暂且放下,一心平息榆勒的叛乱。本来,班超准备围住乌即城,歼灭援助乌即城的龟兹、莎车援军,但就在这万分紧要的关头,北面的康居国突然掺和进来,派兵万人增援疏勒叛军,一下子使班超四面受敌。此时,龟兹乘机攻打姑墨,占据了石城,鄯善、乌孙等国见势不妙,或畏缩不前,或撤回兵力,局势对班超越来越不利。

面对此情,班超并没有乱了阵脚。他缜密分析了战局,要以弱胜强、以少胜多,必须采取釜底抽薪瓦解敌军的战术。为了知己知彼,他立即派人分头侦察,探知到康居国与月氏国联姻,关系甚密。班超心想,我们不妨派出使者到月氏国,通过月氏国国王给康居国国王做工作,让康居撤兵。谁能担当此使命呢?钟民、霍耀、田思武气太盛,朵儿、田虑年纪太轻,薛金、卞升商味太浓……他忽地想起了孟思。如果孟思还在,是最佳人选,唉,可惜呀!思前想后,他觉得还是派卞升前往比较好。于是班超便派卞升扮成商人模样,作为使者携带大量的丝绸、布帛、金银等礼品到月氏国,说服月氏国国王给康居国国王做工作,劝康居撤兵。

卞升一身商人打扮,携带中原独有的礼品来到了月氏国。刚一进王宫,他就看见王宫内摆满了琳琅满目的玉器,心里已经有了底。见到月氏王后,未说来意,他先对月氏王收藏的玉器大加赞扬,顺手拿起一个绿色玉雕蟾蜍,赞道:"这是价值连城的于阗翠玉。一般的翠玉色泽虽和这个差不多,但大多不透明,而国王您的这件玉雕色绿而透明,乃绿玉中的上上品。我在洛阳城玩玉器二十多年,从来没见过如此色绿而透明者。玉蟾,在我们大汉是月亮的代称,你们月氏国的'月',在我们大汉又读作月亮的月。您的这个玉蟾,乃月氏国的象征。国王真是福相,有这件玉器镇宫,当保月氏王室万代相传。"接着,他

又夸赞了其他玉器,说得月氏王喜上眉梢,不亦乐乎。接着,卞升将自己带来的礼物一一献上,堆满一地,看得月氏王眼花缭乱,喜上加喜。卞升看到火候已到,便亮明身份、开宗明义地向月氏王说明了来意。月氏王正在兴头上,非常爽快地答应了卞升的要求,立即将班超的意思转达给了康居国国王。

康居国国王收到月氏王的传信,实在是从内心佩服班超的战术,佩服班超能内外兼施、双管齐下。回想自己多年来与匈奴人周旋,与周边各国打交道,只知场面上争强斗胜。现在,他才明白了班超带着为数不多的汉军能在如此浩瀚的西域纵横驰骋多年的真正原因。康居国国王胆寒了,深知自己不是班超的对手,也不想为了已被班超废黜的"疏勒王"榆勒而得罪自己的友好国家月氏,更害怕从此得罪班超和汉朝,将来吃大亏。他立即拟就一份密令,通知在乌即城前线的康居大将,逮捕榆勒。但他留了一手,并没有将榆勒交给班超处置,而是带回康居。

乌即城叛军失去了榆勒和康居的援军,群龙无首,成了一伙乌合之众,只得举城投降。疏勒内战以新疏勒王成大一方全胜而结束。班超在这次平乱中巧妙运用兵法,使疏勒王成大一方在损失极少的情况下取得胜利,更加树立起了班超在疏勒军民中的威信,同时又结交了月氏国这个实力强大的国家,变不利为有利,变被动为主动,逆转形势,为之后战胜莎车奠定了坚实的基础。

孙子曰："百战百胜，非善之善者也；不战而屈人之兵，善之善者也。故上兵伐谋，其次伐交，其次伐兵，其下攻城。"班超把"不战而屈人之兵"运用到了极致。

但也不难看出，这个康居王并不是等闲之辈。当年他是唯一一个配合班超攻占姑墨的西域国王。现在看来，他当时配合的目的是想借班超的力量占据姑墨，扩大自己的势力范围。当他看到班超三面临敌，大后方疏勒内乱、形势不利时，立刻反水，支援疏勒叛军，实际上是想控制"疏勒王"榆勒，达到他把康居的势力扩大到疏勒的目的。现在，一见势力强大的月氏国替班超说话，只得停止了援助疏勒叛军的行动，以图再谋。

榆勒躲过了一劫，在康居躲藏了三年多。三年期间，他贼心不死，广交康居文武大臣。借这些人的势力，他试图说服康居王，向康居王借兵，谋图反攻疏勒。康居王起先不敢答应榆勒，但经不住榆勒的花言巧语，且他也有图谋霸占疏勒这块土地肥沃、商贾云集之地的目的，最后便借给榆勒兵力千余。榆勒于汉章帝元和三年（86年）乘机占据了损中城。榆勒明白，要凭借自己借来的千余兵力反攻疏勒、恢复失去的王位，无异于以卵击石，于是他想到了班超最大的死敌龟兹王，便立即派暗使偷偷到了龟兹国。龟兹王见到榆勒的暗使，不免暗暗发笑：你班超也有今日！那个榆勒也不是什么好东西，当年凭借班超

的势力，赶走我的亲信兜题当上了疏勒王，如今却与你反目为仇，到时候一旦我龟兹灭掉你班超，也要叫那个榆勒没好果子吃。龟兹王为他的一箭双雕之计得意地笑出声来。他认为报复班超的时机已到，机不可失，便如此这般地告诉暗使，给榆勒出谋划策。

暗使回到损中城，给榆勒转达了龟兹王的密谋。榆勒听了龟兹王的密谋，不由大喜。是啊，班超当年连死敌兜题都赦放了，我为何不利用班超的仁慈之心而灭杀班超？榆勒立刻修好了一封投降书，派自己的心腹为使者来到槃橐城。投降书写得非常恭顺，给人一种情真意切的感觉。班超见到榆勒的投降书，展开一看，想到榆勒恩将仇报的为人，看出了诈降的破绽。他不由计上心来，何不将计就计，以诈治诈？班超便对使者说："你的主子终于悔悟、迷途知返了。只要疏勒民众不再遭受战乱，平安生活，我们将既往不咎，请他放心回来。如果回来后能取得民众的谅解，他的王位定能得到恢复。"榆勒的使者暗暗高兴，非常欣喜地返回损中城，禀告榆勒大功已成。

来使走后，班超立即秘密部署，等待鱼儿上钩。榆勒听了使者的报告，暗暗高兴，以为班超中计了，便立即动身准备前往槃橐城。榆勒身边的谋士要求带上大队人马前往，以防不测。而榆勒也有他的谋算。若带大队人马，定会使班超识破计谋，坏了大事，他便否定了谋士的主意，只带了轻骑十多人前往。

谋士不放心,又派了七百名兵卒紧随其后。

　　班超见榆勒如言到来,非常高兴地出帐迎接。见了面,榆勒双膝跪地,满口谢罪。班超忙上前扶起,好言以待,一派融洽的气氛。彼此各怀异心,各自窃笑。班超非常客气地把榆勒请入帐中,并称榆勒为疏勒王,边走边叙说着过去是如何捉放兜题、如何同心协力保卫疏勒等,使得榆勒悬在口边的心放了下来。榆勒不免偷笑,心中想:你班超原来也不过如此,我一封诈降书就骗得了你,现在只待龟兹王的人马一到,有你班超好果子吃!想到这里,榆勒真有点儿得意忘形的样子。这一切当然逃不过班超的眼睛,可班超装作视若无睹、漫不经心,照样热情洋溢地请榆勒入座丰盛的宴席。宴席开始前,演奏了乐曲,一派为榆勒洗尘接风的场面。乐曲刚落,班超就招呼榆勒的随从个个入座,但他迟迟没有入席。他这是在给榆勒足够的时间,给榆勒再次悔悟的机会,可是时间分分秒秒过去,仍不见榆勒有任何悔悟的迹象,班超便死了心,一边入座一边对榆勒说:"咱们兄弟重逢,以后一定会好好合作,为了疏勒的将来,我们何不开怀畅饮?来,干杯!"说着,他便猛地举起了酒杯。榆勒此时还为他和龟兹王暗中给班超所设的圈套而沾沾自喜,见班超举杯,也高兴地说了一声"请"。但是一个"请"字还没说完,说时迟那时快,躲在帐后的钟民、霍耀、田思等几个一直在等班超举杯暗号的彪形大汉即刻拔剑出鞘,呼啦啦围住榆勒，几把利剑直指榆勒的心窝。班超手下的其他三十多名壮士也从帐后冲出，一齐下手，坐在酒席上的榆勒的随从还没反应过来发生了什么事情，就一个个被按倒在地翻不过身来。帐外，随榆勒而来的七百兵卒也早已被班超事先布置好的一千八百多汉军团团围住。汉军让他们投降，但那些都是榆勒的死党，还想负隅顽抗。无奈，汉军只得将其全部就地歼灭。

榆勒和他的随从们被押出帐外，班超利剑直指榆勒的喉结，厉声呵斥道："大汉神军废了兜题，还你王族身份，你不思图报，反叛大汉，乃其一；享大汉神威，疏勒民众摆脱龟兹的压迫得以自由，你不顾疏勒民众的利益走向民众的反面，乃其二；大汉皇恩浩荡，册封你为疏勒王，你却反叛大汉天子，乃其三；你勾结莎车，擅离国都，放弃疏勒臣民百姓，背叛天朝，乃其四；你割据乌即城，引疏勒民众于战火之中，陷疏勒民众于兵荒马乱之中，你负隅顽抗，使战火连续燃烧半年之久，不知多少生灵遭涂炭，乃其五；到了康居，你不甘失败，不知悔悟，迷途不返，暗中策划反汉，乃其六；你贼心不死，借兵入驻损中城，谋图死灰复燃，乃其七；你诈降大汉，欺骗大汉天子的使臣，就是欺骗大汉天子，乃其八；给你醒悟的机会，你不珍惜，企图利用大汉的仁义达到你反叛大汉的目的，乃其九；你今勾结龟兹，图谋对大汉神军和疏勒民众内外夹攻，引狼入室，乃其十；你死到临头，仍不思悔改，你带来的七百人马死不投

降，使他们为你这个无道之人付出生命，乃其十一！你真是十恶不赦，死有余辜！今不杀你，不足以平民愤！"榆勒听到自己这一桩桩罪行，哑口无言，不得不耷拉下脑袋。疏勒民众听了这一笔笔血债，齐声呐喊："杀无赦！杀无赦！"班超一声："推出去斩了！"钟民便立即行动，将榆勒推到城门外砍下头颅，将其头颅高悬在城楼上示众，也是给等待与榆勒里应外合的龟兹王一个讯息，让他早早地滚蛋。龟兹王在风风火火地带着人马赶往疏勒途中，听到计谋败露，榆勒被杀，七百死党被歼，若死狗一般瘫倒在沙地上。手下的兵卒一看大事不妙，慌忙架起龟兹王灰溜溜地缩回龟兹。

  班超原定下的南破莎车、北击龟兹的战略计划，由于榆勒的背叛耽搁了整整三年时间。现平息了榆勒叛军，班超又开始着手实施起自己的战略计划了。

第十六章 出奇制胜

为了一举夺得攻打莎车一战的彻底胜利,班超详细了解了莎车的前世今生。

当年,匈奴单于趁着王莽之乱占据西域,唯独莎车王延最为强硬,不肯附属。汉元帝时,莎车王延曾经当过侍子,是在京师洛阳长大的。他仰慕、喜爱大汉王朝,便参考大汉的制度法典治理国家。莎车王延经常吩咐他的儿子们应当世代尊奉大汉,不可有负大汉。王莽天凤五年(18年),延死后,谥号为忠武王,他的儿子康继承王位。

汉光武帝初年(25年),康率领相邻的国家共同抵御匈奴,护卫原都护将士们的妻子孩子一千多人，发文书给河西，询问大汉的情况，叙述自己对大汉的想念和仰慕。汉光武帝建武五年（29年），河西大将军窦融以天子的名义立康为大汉莎车建功怀德王和西域大都尉，代汉管辖西域诸国。后莎车王降服匈奴。

汉章帝章和元年（87年），东部的鲜卑人对北匈奴大举进攻，北匈奴东线全线崩溃，北匈奴优留单于被斩，使整个北匈奴处于群龙无首的状态。又逢北匈奴内乱，屈兰、储卑、胡都须等五十八部、二十多万人分别至汉朝的云中、五原、朔方、北地等郡投附汉。南匈奴休兰尸逐侯鞮单于上书汉王朝，请"破北成南，并为一国"。汉王朝允其请求，命窦宪为车骑将军，耿秉为副将军，联合南单于兵力北上征伐。双方鏖战于稽落山等地，大败北匈奴。北匈奴兵被杀万余人，二十余万降伏。消息传到西域后，多数国家非常惊喜，也有一些国家非常惊恐。班超则认为彻底歼灭北匈奴西域势力的时机终于来临了。

班超立即联合于阗等国征发二万五千兵力进攻莎车。莎车王大惊失色，心想，这次再没有榆勒拖住班超的脚步，怎么办？其他国家已经纷纷归汉，只有请求龟兹帮助了。他连忙派人告知龟兹王。龟兹王自从上次在疏勒吃了一个窝囊亏以后，自知技不如人，这次又听到莎车王前来求他搬兵相助，实在不敢轻举妄动。但他与莎车王臭味相投，看到西域许多国家归汉，再

不想办法，龟兹独霸的地位难以复返，于是他也想借助莎车的力量歼灭班超。龟兹王思前想后，觉得用计谋自己斗不过班超，只能以兵力优势来打压班超了。于是龟兹王便纠集眼下仍受他控制的温宿、姑墨、尉头三国军队共五万多兵力浩浩荡荡前来支援莎车。

　　班超带领的人马刚到莎车边境驻扎下来，龟兹联军的兵马后脚就到了。知己知彼，方能百战不殆。班超立即派遣钟民带人前去侦察，探知龟兹联军的兵力是汉朝联军的两倍多，双方兵力悬殊。班超得知敌情之后，反复考虑对策，只得向"老师"请教。他打开兵书《孙子兵法·兵势篇》这样写道："大凡作战，一般都是以正兵当敌，以奇兵取胜。所以，善出奇制胜的将帅，其战法如天地那样变化无穷，像江河那样奔流不竭。终而复始，就像日月运行一样；死而复生，就像四季更替一般。声音不过五种，然而五种声音的变化，却会产生出听不胜听的声调来。颜色不过五种，然而五种颜色的变化，却会产生出看不胜看的色彩来。味道不过五种，然而五种味道的变化，却会产生出尝不胜尝的味道来。战势，不过奇正两种，然而奇正的变化，却是不可穷尽的。奇正相互转化，就像顺着圆环旋转那样，无穷无尽，谁能穷尽它呢？"

　　那么，怎样以奇兵取胜呢？《孙子兵法·虚实篇》讲过，善于指挥作战的人，能调动敌人而不被敌人所调动。能使敌人自己来上钩的,是以小利引诱的结果;能使敌人不能到达其预定地域的,是以各种方法阻碍的结果。所以,敌人休整得好,能设法使它疲劳;敌人给养充分,能设法使它饥饿;敌军驻扎安稳,能够使它移动。出兵要指向敌人无法救援的地方,行动要在敌人意料不到的方向。

班超想着"致人而不致于人""安能动之"的战略,突然茅塞顿开,既然龟兹军已经安营扎寨,以其优势兵力来压制我们,我不妨施计调动他离开,只要敌军一移动,就可以出其所不趋,趋其所不意,从而以少胜多,进而歼之。

主意已定,班超立即召开战前会议。他向汉军和于阗等军队的首领们说:"敌众我寡,敌强我弱,这仗是不能正面打了,我们硬打,必败无疑。咱们不如知难而退,撤兵吧!"于阗王一向非常佩服班超用兵,班超其人,不可能就这样言败的,知道又是一计,却弄不清班超葫芦里卖的什么药,也不管三七二十一地附和说:"如果硬打,无异于以卵击石。"班超便安排于阗王带兵从东路返回于阗国,他自己带兵从西路返回疏勒国,以鼓响为号,同时撤兵。商议一妥,分头行动。班超告诉部下:"撤兵时该乱就乱,但要做到外乱内不乱,要给敌人一个我们真正撤军的假象。撤兵行走的速度要慢,一定要拖延到天黑。"班超把这些安排转告给了正准备撤兵的于阗王,于阗王一听,知道自己的判断八九不离十,但还是猜不透班超又在使用什么计谋，只得按吩咐行动。班超还故意把要撤兵的消息透露给行军途中抓到的几个龟兹探子，派看守这些探子的钟民告诉龟兹俘虏："我们大汉军队，是仁义之师，现在我们奉命撤兵，不与你们打了，你们当探子也没啥用处了，杀了你们，显得我们不仁不义，又败汉军名声，快滚吧！"龟兹探子听后，一溜烟地逃回龟兹营地。这些探子回去后，立马把班超撤兵的消息告诉龟兹王，龟兹王深知班超厉害，怕是中计，再派探子打探虚实。再派的探子，听到鼓声，看到于阗军东撤，汉军西撤，时已黄昏，兵荒而马乱，似溃不成军状。龟兹王听了再次派出的探子回来的报告后大喜，便亲自率领一万多龟兹兵在西路伏击汉军，命温宿王率领八千士兵赴东路伏击于阗军。

班超派出的探子来报，龟兹兵、温宿兵已经急急撤离驻地，分别向他们撤兵路线的前方而去，班超暗暗高兴。天一大黑，班超立即通知各部，迅速集结队伍，原路返回奔赴莎车国。

大漠的天空月明星稀，大漠的夜晚冷风飕飕。龟兹王带兵离开营帐，露天潜伏在西路的半道上，兵卒们冷得个个瑟瑟发抖，连穿着翻毛羊皮大氅的龟兹王都冷得牙关不断地发抖，但他一想到歼灭班超就在今晚，不由得心里热乎起来。龟兹王在西路半道上耐心地等待着班超自投罗网，等啊等啊，开始还能听到班超撤军的人嘶马叫，却怎么听起来越来越远？他不由起了疑心，是否班超带兵另寻他路逃脱了？他急忙派探子四处侦探，几路探子查看了几条小道，皆无人马。龟兹王百思不得其解，嘿，汉兵真的是传说中的神兵吗？难道插翅飞了不成？龟兹王又想，班超诡计多端，是不是发现了我在这里潜伏，他偃旗息鼓，想从我们身边偷偷溜过去？又一想，不可能呀，那么多人马，怎么个溜法？嘿，龟兹王一下子明白了，这个班超以前曾经在蒲类海反包围过匈奴呼衍王，这次莫不是又要故伎重演？龟兹王想到这里，竟然出了一身冷汗，连忙命令手下士兵，不得麻痹大意，要擦亮眼睛，不仅要盯住身前，还要谨防身后。这样折腾来折腾去，一直等到天大亮，也没见到一个汉兵，温宿王在东路也同样如此。正当他们迷惑不解的时候，有军卒前来报告："大事不好了，莎车国已被班超和于阗王连夜占领。"龟兹王像上次奔往疏勒途中一样，再次瘫倒在地，当得知莎车王已经投降班超之后，他更加知道了班超的厉害，也不敢回头再与班超交战，只好垂头丧气地带兵回国。温宿王等本就是被迫参战，见主子逃走，更无心恋战，各自逃散。

原来，班超召开军事会议决定撤兵，是虚晃一枪，当探知龟兹于和温宿王两路前去设伏后，便立即重新部署，调兵遣将，秘密召集各路人马，连夜奔赴莎车。莎车王也认为班超已经撤兵，龟兹王半道设伏，将会一举歼灭班超，自己便高枕无忧了。谁知班超大军神兵天降，给他来了个措手不及，喊天不应，叫地不灵，只好举手投降。莎车军营大乱，负隅顽抗者遭汉军格杀，被斩杀者五千，汉军抓获俘虏无数，并收缴了大量的马匹、战刀、箭镞、盾牌等军需物资。

龟兹王一路骑在马上闷闷不乐、低头不语，往事历历在目——班超捉放兜题，是给他提了个醒，与汉军对着干没有好果子吃，只要低头就可以给一条活路。在班超失势的情况下，自己围攻槃橐城一年之久无功而返。自己与榆勒密谋里应外合一举歼灭班超，结果半途而废。这次自己带领大军想以优势兵力压服班超，结果却成了眼下的败局……唉，不是自己太愚蠢了，是班超太聪明了……

莎车一战，汉军军威大振，班超更是威震西域，名震葱岭，连匈奴都不敢再来侵犯了。

第十七章 蔑视强敌

汉章帝得知班超在西域连获大捷,非常高兴。喜极生悲,到了章和二年(88年),汉章帝忽然因病不治而驾崩,年仅十岁的皇太子刘肇即位,即汉和帝。历史上所称的东汉"明章之治"就此终止。

汉章帝刘炟在位时,励精图治,注重农桑,兴修水利,减轻徭役,衣食朴素,实行"与民休息",并且"好儒术",使得东汉经济、文化在此时得到很大的发展。那时东汉政治清明,思想活跃,经济繁荣。汉章帝刘炟还两度为班超加官出使西域,使得西域地区重新称藩于汉。因为明、章两代帝王承继了光武帝的施政方针，励精图治，在文治武功方面有了很大的成就，故称"明章之治"。

汉和帝刘肇，一个年仅十岁的娃娃要统领大汉江山，谈何容易，故窦太后摄政。

窦太后乃汉章帝刘炟的皇后。汉章帝建初二年（77年），窦氏入宫。建初三年（78年），被立为皇后。窦氏深得皇帝宠幸，独占后宫之爱。汉章帝章和二年（88年），汉章帝去世，汉和帝刘肇即位，尊窦氏为皇太后，并由窦太后临朝摄政。起先，汉章帝后宫有宋贵人、梁贵人等，宋贵人生皇太子刘庆，梁贵人生刘肇。窦氏无子，妒忌宋贵人和梁贵人，屡次在汉章帝面前说她们的坏话，使她们逐渐被汉章帝疏远嫌弃。建初六年（81年）六月，窦氏诬陷宋贵人使用巫蛊之术，于是宋贵人自杀。之后她又诬陷梁贵人，梁贵人忧愤而死。窦皇后亲自抚养梁贵人的儿子刘肇，视如己出。汉章帝废皇太子刘庆为清河王之后，立刘肇为皇太子。

汉和帝即位后的永元元年（89年），班超年届五十八岁，其母不幸在洛阳病故，归葬右扶风老家，与班超之父班彪合葬。对远在万里之外的班超而言，皇帝驾崩不能在朝治丧，乃为不忠；母亲去世不能在家守孝，乃为不孝。

就在国丧、家丧期间，大月氏又生事端。大月氏本有休密、双靡、贵霜、肸顿、都密五个部落。西汉中期，贵霜部落吞灭其他四个部落，建立起强大的贵霜帝国，所以史书上又把大月氏称为贵霜国。贵霜国国王丘就却定都高附，初步奠定了帝国的基础。汉明帝永平年间（58～75年），贵霜已统治索格狄亚那、巴克特里亚、喀布尔、坦叉始罗、犍陀罗、罽宾。其后，贵霜向西扩展至赫拉特，控制了整个河中地区，并羁縻康居和大宛。贵霜国一建立就表现出极强的扩张侵略性，西攻安息，东灭罽宾国，南破天竺，成为横跨中亚、南亚与西亚的庞大帝国，与东汉、安息、罗马并称当时的世界四大强国。

起初，大月氏生事，本不是恶意欺侮汉朝，还是想和汉朝交好，只是没有瞅准时节。就在汉和帝登基不久，大月氏国王得知班超在西域屡屡得胜，想与班超交好，便派使臣带着珍宝等来到班超营地，极力讨好班超。这倒罢了，只是不该在此时提出要与汉朝联姻。大月氏王以为自己曾协助大汉攻打过车师，帮助班超平息过疏勒内乱，有功于大汉，提出婚娶大汉公主不为过。

据班超所知，大汉与外邦和亲历时已久。最使班超记忆犹新的是父亲班彪给他讲述过的"昭君出塞"的故事。汉元帝建昭元年（前38年），王昭君被选入宫，成为宫女。汉元帝建昭六年，即竟宁元年（前33年）正月，匈奴单于呼韩邪来朝，请求娶汉人为妻。元帝遂将昭君赐给了呼韩邪单于，并改元为竟宁。单于非常高兴，上书表示愿意永保塞上边境安宁。汉成帝

建始二年（前31年），呼韩邪单于去世，他与大阏氏之嫡子雕陶莫皋即位，号为复株累若鞮单于。复株累若鞮单于想娶昭君为妻，但昭君上书汉成帝请求返回中原，成帝拒绝了她的请求，敕令昭君遵从匈奴习俗，依照匈奴婚俗：父死，子可以娶后母，于是昭君又嫁给了复株累若鞮单于。汉成帝鸿嘉元年（前20年），复株累若鞮单于去世，昭君自此寡居。一年后，53岁的王昭君郁郁而终，厚葬于塔布陀罗亥[①]，墓依大青山、傍黄河水，后人称之为"青冢"。古称美人有"闭月羞花之貌，沉鱼落雁之容"，其中"落雁"，就是指王昭君[②]。

昭君出塞后的几十年时间里，汉匈两家一直保持着友好和睦的关系。西汉时呼韩邪单于附汉与昭君出塞，不但结束了匈奴多年的分裂和战乱，而且为中原王朝的大一统奠定了基础。此外，和亲加强了汉匈交流，促使匈奴效仿中原的文明制度进行改革。昭君出塞后，她劝呼韩邪单于不要去发动战争，还把中原的文化传给匈奴，使得汉匈两族团结和睦，国泰民安，"边城晏闭，牛马布野，三世无犬吠之警，黎庶忘干戈之役"，展现出欣欣向荣的和平景象。王昭君为实现汉朝与匈奴的和睦相处而远嫁匈奴，开创汉匈间60年无战事的和平局面。

---

①今呼和浩特市。
②昭君告别故土，登程北去。一路上黄沙滚滚、马嘶雁鸣，使她心绪难平，遂于马上弹奏《琵琶怨》。凄婉悦耳的琴声，美艳动人的女子，使南飞的大雁忘记了摆动翅膀，纷纷跌落于平沙之上。

班超心里明白，西汉初年，匈奴的铁骑践踏到了长城附近。所到之处，匈奴兵到处糟蹋庄稼，劫夺财产，掳掠人口，给汉朝边民带来极大的痛苦，威胁到汉朝统治。当时，建立不久的汉朝国力不强，只能通过与匈奴和亲来维持边境的短暂安宁。此后六七十年里，虽然汉朝为和亲付出了很大的代价，却没能达到预期的效果，反而助长了匈奴贵族的贪欲。

班超心想，我大汉王朝，只有在国力衰弱期间才采取对外联姻的政策，用牺牲女人的幸福去力保边界不受侵袭。但如今我大汉国力正盛，四海来朝，大可不必牺牲公主的幸福去求得短期的安宁。而且对于班超来说，与异国联姻之事是朝廷对外交往的大事，非同小可，班超没有权力自作主张。汉和帝十岁即位，哪来的女儿嫁给他？若要娶汉章帝的女儿，那他岂不成了大汉王室的姐丈？本来大汉王室与外邦联姻，皆以汉君外臣为原则，怎能让外邦君主为姐丈？何况章帝三十一岁驾崩，大概也没个可出嫁的女儿。即使娶皇帝的干女儿或者其他王爷的女儿，掐指头算来，大月氏王在位已经六十多载，年龄至少上了七十岁。一个老朽竟要娶大汉公主，简直太欺负人了。何况汉人有汉人的讲究和习俗，治丧守孝期间，子女不得谈婚论嫁。更何况班超国丧、家丧于一身，镇守西域，身不由己，难以尽忠尽孝，心情本就不好。所以当大月氏使臣提出此事时，班超怒从心起，一个"滚"字出口，竟将大月氏王的求婚书直接丢

在地上,吓得大月氏使臣目瞪口呆,半晌说不出一句话来。班超怒道:"我们大汉正在国丧期间,你们却来谈婚论嫁,简直是乘人之危,欺人太甚!滚回去告诉你们的主子,与大汉交好可以,我们欢迎。此时想与大汉联姻,门儿都没有!"大月氏使臣还想赖着不走,班超一声令下,命人立刻把大月氏使臣驱逐出境。

第十八章 怀柔攻心

　　班超不是不知道大月氏的强盛。他在处理大月氏王请求与汉室和亲这件事上是经过深思熟虑的。边关和亲议和,那是要经过朝廷下诏许可的国家大事,不是他班超所能决定的。国丧期间,外邦请求和亲议和,实在是乘人之危,强势逼迫,与强取豪夺没什么两样。大月氏与中原远隔葱岭,即使派大兵压境,也是远道疲兵罢了,并不怎么可怕。何况,大汉今非昔比,前有刚刚取得莎车大捷而威镇西域、名震葱岭的汉军威名,后有强盛的大汉国力做后盾,腰硬胆壮,何以惧之?

　　大月氏王听到班超一个小小的西域长史竟敢在太岁头上动

土,顿时陷入了无法遏制的愤怒之中,气急败坏地说:"好你个班超,一个小小的长史,竟然敢在我面前撒野!我多年来南征北战,踏平葱岭东西,贯通高原南北,把多少大国小城踩在脚下。一个小小长史真是不知天高地厚,今天非让他见识见识本王的厉害不可!"

大月氏王立即召集文武大臣商议攻打汉军事宜。大月氏副王叫"谢",是一个四肢发达、头脑简单的莽汉。他一听大月氏王要发兵葱岭攻打汉军,立刻来了悍劲,高吼道:"发他个十万大军,踏平葱岭、荡净沙海、血洗汉军、活捉班超!"大月氏王听后,立刻拍板:"发兵葱岭,非副王谢莫属!"

汉和帝永元二年(90年),经过筹划,大月氏王派遣副王谢率领一支装备精良的七万大军浩浩荡荡地东进远征,翻越茫茫葱岭,进入葱岭东部。大兵压境疏勒,剑锋直指班超。

大月氏到班超军队驻地疏勒中间多是崇山峻岭,葱岭高可摩天,沟壑深不见底。临行前,大月氏王告诫副王谢,远征行兵,多带些辎重。副王谢一副天不怕地不怕的模样,认为粮草够路途上吃用就可以了,翻越葱岭,带那么些粮草反而是个累赘。他大月氏大军开往何地,还需自带粮草?贱民家里有的是,不给就……副王谢来了个抹脖子的手势。

大月氏国地处温暖地带,人在大月氏穿着薄衣单衫还觉得热。开拔之前,大月氏王反复告诫副王谢转告属下,葱岭常年积雪，要带上防寒衣服。虽然兵卒们做了准备，也只是带些夹袄夹袍，只有一些人带着兽皮护腿之类的。但等到千辛万苦登上葱岭，兵卒们才发现虽是盛夏，但此处比大月氏的隆冬还要冷得多。别说兵卒们人人扛着粮草，就是空手走在这寒风呼啸之中都受不了。有几个兵卒停下来想生个火取取暖，而由于高山缺氧，火怎么也生不着。火生不着，不能取暖只是小事，饭做不熟怎么办？一些体质差的兵卒就这样冻死、饿死了。而人快要冻死、饿死的时候也就什么都不顾了，有人竟然斗胆打开马草，将马草绑缚在四肢上，抵御风寒。这办法还是妙，大军人马纷纷效仿，气得副王谢嗷嗷乱叫，可法不责众，他也没有办法。

听到大月氏大军临近，班超手下的许多将士忧虑担心，刚刚灭了北匈奴及其爪牙龟兹人的威风，却引来了大月氏的侵袭。此时，班超能调动的具有战斗力的兵力最多只有三万，一旦战败，大月氏人就会霸占西域，一路向东，给中原造成极大的威胁，弄不好会引起更大的战事。大家纷纷建议班超，派使洛阳，力求朝廷，答应联姻。

班超是一个有血性的男儿，是一个有"冷劲"的关中汉子。别人能做到宁折不弯就很不容易了，而班超却能做到不折也不弯。面对强敌压境，班超又在思谋着妙计良策。

夜深了，班超仍不能寐。麻油灯下，他翻看着兵书。月光

下,他沉思踱步,但一会儿点头,一会儿摇头……西域夜冷,卫士给他披在肩上的斗篷不知何时抖落在地,他却全然不知。大战来临,一个主帅要真正做到运筹帷幄,是多么的不易,多么的艰辛。

天一明,班超即请手下官士幕僚商议战事。在听取了大家的参谋建议之后,班超说:"我们与大月氏力量悬殊,这是不争的事实,但只要我们巧打妙打,谁输谁赢还说不定。我们不妨分析一下敌情,做到知己知彼,制订一个行之有效的作战计划,按计划排兵布阵。我们是有胜算的。"他接着分析道:"大月氏大军七万,以势压人,这是他们的优势。可他们的缺点是致命的,其一是他们翻山越岭历尽艰险远道而来,官兵体力损耗严重,人虽多然而力量衰竭,乃疲劳之师也。其二是他们离大月氏路途遥远,运输距离长,所带粮草有限,经不起消耗,乃外强中干也。二者合一,令其不得不谋图速战速决。而我们只要牢牢抓住其致命的弱点,耐着性子,细嚼慢咽,拖他们陷入困境,则会胜利。眼下我们最主要的是修好工事,严密防御,动员城池以外的老百姓全部入城,注意要带着全部的粮草入城,城外不留一星半点,确保百姓安全,也确保我们的粮草供应。只要我们坚守城池,不主动出城迎战,拖他们一两个月,就能消耗完他们的军需粮草。城外粮草全无,人无口粮马无草料,陷其于困境而难以自拔,到时候他们拿什么同我们打仗?不撤兵才怪。"随后班超便开始布置坚守城池和百姓入城事宜去了。

待班超把两项事宜安顿妥当，大月氏副王谢的七万大军已经兵临城下了。他们一连围攻槃橐城数天数夜，班超紧闭城门不予迎战，大月氏兵虽采取火攻、云梯、钻隧道等多种方法攻城，但均在汉军的严密防守下一一失败，白白使许多大月氏兵命丧火海和箭雨之中。

城池久攻不下，主管军需的下官又不断禀报粮草告急。大月氏副王谢忙命人前去乡下"筹集"，无奈各路筹粮兵卒一一空手而归。副王谢大急，军中不可一日无粮，如何是好？身边的谋士参谋道："何不向龟兹借粮？我们攻打班超，不正是为龟兹王报仇么，他们肯定会借的。"副王谢连忙派使臣前去龟兹国借粮。谁知，班超早有所料，提前在半途中设下伏兵。伏兵斩杀了大月氏前去龟兹借粮的使臣，彻底断绝了大月氏的粮路。大月氏副王谢一听借粮使臣被班超遣人所杀，一下子从马背上跌落下来，瘫软在地。抢粮者扑空，借粮者被杀，饥肠辘辘的兵卒个个无心恋战，史有私自逃离者，甚至临阵叛变者，军心相当不稳，再这样下去将溃不成军。大月氏王将七万大军交给副王谢，若不战自溃，副王谢无法向大月氏王交代，副王谢前思后想，保命保军要紧，只得缴械投降。

副王谢领着手下的军卒头领来到城下，呼啦啦跪倒一片，求饶投降谢罪。班超站在城头上看到这一情景，心想，大月氏

素来与大汉朝没有大的过节,在汉朝与匈奴的战争中,时不时还帮过汉军。在自己开拓西域的过程中,大月氏或暗或明也曾出过力。现在,因为联姻不成而引起纠纷,我班超何不抓住这一机会接受大月氏军队的投降,放他们回去,促使大月氏与大汉王朝议和,彰显我仁义之师的美德和大汉王朝的神威?想到这里,他力排将士要求将大月氏军队斩尽杀绝的众议,采取怀柔策略,接受了大月氏军的投降。

  班超站在城头,让会说大月氏话的甘英给副王谢喊话:"大月氏副王请听清楚了,我家长史有话要说。接受你的投降,但是你们必须将大军后退十里。副王谢和你手下的大小头目留下,将手中的武器集中放下,我家长史要请你们进城领赏。其余士卒只要后退十里,后面也会有赏的。"副王谢听到甘英的喊话,立即吩咐手下照办。班超看到大月氏军队后退十里,大小头目将手中的武器集中放下之后,命钟民、霍耀等打开城门,放副王谢和其手下的大小头目进城,并热情地招待了一番。饿了多天肚皮的大小军头不顾吃相,个个饥不择食,狼吞虎咽。副王谢的一个军头竟然因吞咽太急而噎得大半晌喘不过气来。班超命人给副王谢提供了一些返程的军需和对后撤兵卒们的犒赏,放他们带着饥兵饿将返回大月氏。

  副王谢回到了大月氏,向大月氏王汇报实情。年过七旬的大月氏国王一下子胸闷气短昏厥了过去。等恢复了知觉,他才告诉副王谢等一帮大臣："大汉王朝人才济济，一个小小的西域长史，区区一万多汉军，竟然让我们浩浩七万大军溃归。我们大月氏不是人家的对手啊！"他从此一病不起，没多久就魂归西天。这位称雄葱岭以西，称霸中、西、南亚，被史书称名为"丘就却"的一代枭雄，至此退出了历史的舞台。

大月氏王去世后，接替王位的是他的儿子——阎膏珍。他从副王谢兵败一事中得知，班超不但不灭杀副王谢及大月氏军队，反而招待副王谢及将领，提供兵卒返程军需，让七万大军返回大月氏。汉军真是仁义之师，既然汉廷以仁慈为怀，大月氏便提出与汉议和。

班超得知先大月氏王去世，新王阎膏珍登基，并差使者前来提出议和的想法，当即决定亲往大月氏议和。徐干等人力阻道："长史年届花甲，还是不去为好。到大月氏国，要翻越葱岭，雪山上三伏如三九，气候严寒，山高路险。在山顶上，人连气儿都喘不过来，年轻人翻越都很艰难，何况花甲之人乎？还是派个使者前去议和吧！"可是，班超自有筹谋。他说道："大月氏非同西域小国，先王去世，新主登基，足跟不稳。现在大月氏提出与大汉议和，稍有不慎，便会引起争端，最重要的是会为我们收复西域的大业带来更大的困难，还是我亲往议和为好。"五十八岁的班超将西域的事宜托付徐干主持，自己带着霍耀、钟民等三十多名亲随翻过葱岭，亲往大月氏国议和。大月氏新王看到班超亲自前来吊唁先王，祝贺自己登基，并商议议和之事，感动不已，当即答应从此世代归汉，每年向汉王朝进贡。自此以后，大月氏历代君王皆如是。降伏了大月氏，班超长长地出了一口气。

与大月氏议和，班超心情极其畅快。班超特有的性格就是不拘泥于已有的成果，在胜利面前作进一步谋划。他告诉霍耀、钟民等人："我们翻一趟葱岭不易，既来之，何不再西行，到条支看看。"班超一旦决定了的事情，就一定要付诸实施。一行人告别了大月氏王，继续西行。经过了一番艰辛跋涉，他们来到了悬度山。山间的道路不是陡峭的石阶，就是悬空的栈道。在一处千仞悬崖前，他们止住了西行的步伐。悬崖上悬吊着一根铁链，要想翻越过去，必须拽着铁链攀上悬崖。班超连攀三次均以失败告终，最终体力不支。其实，按班超不达目的不罢休的行事方式，若没后顾之忧，即使绕道，也得到达条支。只是龟兹、焉耆、危须、尉犁等国至今仍然游离于汉室管辖之外。心病不除，班超心神不宁，只得打道回府。

第十九章 龟兹归汉

班超不战而屈大月氏七万之兵,并采取怀柔策略使大月氏臣服汉朝这件事,传遍了西域,震惊和震慑了龟兹、姑墨、温宿三国。他们纷纷遣人谢罪,乞降议和。班超既往不咎,向汉廷如实奏报,汉和帝及窦太后自是喜悦,同意了班超的怀柔招抚。同时汉和帝下诏,升班超为西域都护,徐干为西域长史。

汉和帝在任命班超、徐干的同时,下诏拜龟兹尚在洛阳的侍子白霸归国为龟兹王,并特令司马姚光护送白霸西归。姚光同白霸到了西域,见了班超,讲明详情。龟兹国现国王名叫尤利多。班超认为,若奉旨立白霸为龟兹国王,尤利多肯定不甘心,甚至会起兵反抗。

班超给姚光介绍了龟兹的情况,讲述了龟兹与大汉之间的历史渊源。汉宣帝元康元年(前65年),龟兹王及夫人到长安,汉宣帝给龟兹王及夫人皆赐予印绶。此后龟兹王数次来朝贺,学习西汉的制度及文化。归国后,按汉朝相关制度治理宫室。汉成帝、汉哀帝时期,龟兹和汉朝关系亲密。汉武帝通西域后,龟兹夹在西汉和匈奴两大势力之间摇摆不定,还曾数次袭杀汉使。光武帝光复汉室之后,龟兹国已经成为西域的泱泱大国。汉光武帝建武二十二年(46年),莎车王贤杀龟兹王,将龟兹分为龟兹国、乌垒国,封则罗为龟兹王,封驷鞬为乌垒王。几年后,龟兹国人起义杀则罗、驷鞬,遣使匈奴,请立新王。匈奴立龟兹贵人身毒为龟兹王,于是龟兹属匈奴。

提起如今这个龟兹王尤利多,班超确实是气不打一处来。自从班超出使西域以来,尤利多处处与班超为敌。特别是汉章帝建初元年(76年),发生了"陈睦事变"和耿恭、关宠二校尉失利,班超在孤立无助的情况下,槃橐城被尤利多围攻长达一年之久。要不是班超和疏勒民众团结一心众志成城,拒敌于城池之外,那西域就不是今天的大好局面了。现在,西域归汉,龟兹王尤利多也坦露了自己归汉的意愿。按一般人的做法,非乘势灭了这个尤利多不可。但班超的胸怀中装的不是一己私仇,而是大汉称雄西域的雄韬伟略。龟兹国不是疏勒,大汉在龟兹没有鄯善、于阗、疏勒那样的民众基础。加之龟兹国王一直以西域强者自居，不甘心退出霸主位置，时不时还与远循北漠的匈奴人有染。若灭了尤利多，势必会引起龟兹内乱。所以班超在大败莎车之后，迟迟没有对龟兹下手，他是在谋划着如何以怀柔招抚的方式使龟兹心悦诚服地归顺大汉。而汉和帝派姚光护送龟兹侍子白霸到来并诏令白霸为龟兹王，无疑为班超的怀柔策略指出了一条可行的路子。但更换龟兹这样大国的国王不可能像疏勒那样容易，必须谨慎地走好每一步，绝不敢纯粹为奉君命而草率行事。

姚光听后细细思量，若不把白霸送往龟兹即王位，有违君命；若送到龟兹，势必引起龟兹内乱。姚光一时慌了手脚，不知如何是好。班超告诉他："我们现在只有一条路可走，就是多带兵马，以势压服现任龟兹王尤利多。如果他接受汉和帝的诏封，可送他东迁洛阳，安享晚年。若不从，以抗旨论罪，借机诛之。"姚光闻言大喜，即与班超带大军浩浩荡荡前往。

果如其言，班超、姚光带着白霸见到龟兹王尤利多，他一开始还非常热情地接待了班、姚二位，西域归汉是大势所趋，他不得不接受大汉招抚的现实。但当尤利多听到汉和帝的诏令之后就变了脸色，明言拒绝白霸为龟兹王。姚光见状，示意班超："灭了他！"班超摇了摇头，耳语姚光："灭了尤利多是轻而易举之事，但这是下策。我们要为长远做打算。"班超见尤利多

不甘心退位，一看软的不行，便厉声告诉龟兹王尤利多："尤利多，你和我班某人交手不是一次两次，也不是一日两日了。你也知道我班某人的为人处世，向来是先礼后兵。今天我已经不是只带三十六个使臣的班某人，请你看看站在你王府内外浩浩荡荡的汉军，你好自为之吧！"龟兹王尤利多扫视了一下府门内外，见汉军将士密密麻麻遍地都是，他像泄了气的皮球一样瘫软在王位之上。班超见状，缓和了一下口气说："我大汉王朝以仁义治天下，我大汉军队是仁义之师，不是匈奴那样的虎狼之族。只要你遵照我大汉皇帝的诏令办事，自觉退位，我班某人保证把你安安全全地送到京都洛阳安享晚年。"

龟兹王尤利多见汉军势重，又深知班超的厉害，知道难以对抗，只好俯首帖耳，照旨行事，让位给白霸。班超担心尤利多留在龟兹生事，安排姚光东归洛阳时带上尤利多，并让姚光转禀汉和帝善待尤利多。尤利多也不敢不从，带上他的妻儿老小，一大家人乖乖地随着姚光东去洛阳。据说，尤利多到了洛阳后，东汉朝廷赐给了他一处府院怡享晚年。最后，他死于洛阳，葬于洛阳。

班超恐白霸初登王位威信不够，于是自己亲自坐镇龟兹它乾城，派徐干屯驻疏勒。至此，除焉耆、危须、尉犁三国因为曾经杀害西域都护陈睦而心怀恐惧尚未归降外，西域其余各国皆已归汉。

第二十章 班固罹难

匈奴自西周时期起到东汉初,一直给中原王朝带来重大的挑战,其军队多次袭扰中原腹地,造成中原王朝北方、东北、西北生灵涂炭,民不聊生。中原的历代君王莫不以抵御匈奴为要事。

匈奴人自秦末汉初建立奴隶制国家以后,先后统一了漠北、西域等广大地区,其疆域面积比当时的汉朝版图还要大。到汉文武二帝时期,匈奴在军臣单于的统率下进入鼎盛时期。其势力范围东至大兴安岭,西至塔拉斯河流域[①],北抵漠北,南踞河

---

① 今哈萨克斯坦境内。

套。他们常以自己是夏王朝的后裔,中原也有他们的一份为借口,向中原王朝发动战争。汉朝面对强大的匈奴大军,想尽办法,采取了和亲、结盟、战争等多种手段,这种局面长达数百年之久。

到了汉光武帝建武二十四年(48年),匈奴内乱,匈奴南边八部拥立日逐王比为南单于。他袭用其祖父呼韩邪的称号率部众四五万人归附东汉。匈奴政权从此分裂为南北二部。汉章帝章和元年(87年),东部的鲜卑人对北匈奴大举进攻,北匈奴东线全线崩溃。《后汉书·南匈奴传》记载:"时北虏①衰耗,党众离畔②,南部③攻其前,丁零寇其后,鲜卑击其左,西域侵其右。"在四面围攻之下,北匈奴势穷力尽。

随着北匈奴国力的一步步衰弱,南匈奴单于遂上表东汉朝廷,请求北伐。此时,临朝摄政的窦太后的长兄窦宪因窦太后之势权震朝野,后因杀死了窦太后的宠臣都乡侯刘畅触怒窦太后而入狱。他自知死罪,为求赦免,自告奋勇出征北匈奴,欲戴罪立功。汉和帝永元元年(89年),汉和帝任命窦宪为车骑将军,率兵北征匈奴。

班超之兄班固虽然学富五车,才高八斗,却一直只是个职位较低的文臣。其间曾被汉章帝在建初三年(78年)提升为玄

---

① 指北匈奴。
② 同"叛"。
③ 指南匈奴。

武司马，但也仅仅相当于一个宫门的卫士长。班固因不得志而经常闷闷不乐。汉和帝永元元年（89年），班固年届五十八岁，因母丧辞官回家守孝，得知窦宪被任命为将军并率大军攻伐匈奴的消息，便决定投附窦宪。不久，他便被任命为中护军，随窦宪出征，这使班固兴奋不已。班固也想通过班窦两家的世交之情随窦宪在边境立功，获取功名，以施展才能。

燕然山大捷使窦宪洗脱罪名，更获封大将军。两年后，窦宪再次以精兵出击，出塞五千里进攻金微山，大破北匈奴单于主力，斩敌五千余人，俘虏北单于皇太后。北单于仓皇逃窜，不知所终。

汉和帝永元四年（92年），窦宪因涉嫌谋反惹怒汉和帝。汉和帝下令窦宪的宗族宾客以及依附于他们的内外臣僚"皆逮考"。班固也受到牵连，被捕入狱押在洛阳大牢。班固与洛阳令种兢素有过节。种兢趁机网罗罪名，陷之于死地。班固以罪犯之名而死，难以安葬在洛阳北邙山下的朝廷陵墓，只得归葬于老家扶风。淳朴、厚道、善良的扶风人接纳了这位朝廷的"罪犯"、家乡的赤子。如今位于扶风县城东郊的班固墓成为陕西省文物保护单位，四时八节，凭吊者络绎不绝。

后来汉和帝得知班固死于非命之事，想起班固也是颂扬汉德的有功之臣，其弟班超还在西域为国效忠，故为班固平反。

班固走了，但他留下的《汉书》却千古永存。汉章帝建初

七年（82年），班固基本上完成了《汉书》的撰著，实现了父子两代人的心愿。全书记述从汉高祖开始到新朝王莽被杀，十二代帝王，二百三十年间的事迹，包括纪、表、志、传共一百篇。《汉书》颁出后受到朝野重视，争相诵读。与此同时，班固曾针对京都回迁长安的措施著就《两都赋》；针对《史记·秦始皇本纪》中司马迁赞语的不当之处著就《秦纪论》；针对自己怀才不遇的困境写就《答宾戏》，章帝阅后大加赞扬；为了系统评价"两司马"①，写就《典引》，以四句为主六句为辅，形成后来四六句的雏形……

班超远在万里之外，得知此事。长兄已死，无法挽救，只怨长兄不明世事，跟错了人，违背家风。好在皇恩浩荡，所以班超并未因此事而纠结，暂痛过后，一如既往，专心投身于收复西域大业之中，赤心未改。

---

①司马相如、司马迁。

第二十一章 一统西域

窦宪、班固等人虽然因窦宪谋反而先后死于非命,但大破北匈奴的功绩不可磨灭。北匈奴的衰亡,使北匈奴在西域的几个苟延残喘的爪牙国家惶惶不可终日。汉和帝永元六年(94年)秋,班超都护再次发力,首先向屠杀陈睦都护、郭恂副校尉的罪魁焉耆开刀。班超征调龟兹、鄯善等八国七万多兵马,共讨焉耆。进军途中,又有上千名沿途民众和过往商人自愿参战,势力更加强大。

班超熟知,焉耆、尉犁和危须在西域北道的中间,由北向南依次排列为危须、焉耆、尉犁,其中焉耆最强大。《后汉书·

西域传》记载:"焉耆国,王居南河城,北去长史所居八百里,东去洛阳八千二百里,户万五千,口五万二千,胜兵二万余人。其国四面有大山,与龟兹相连,道险阸,易守。有海水曲入四山之内,周匝其城三十余里。"只要收服了焉耆,其他两国的问题就会迎刃而解了。所以班超首战选择了焉耆。拿下焉耆,尉犁和危须大有不战而屈的可能。班超虽然处于战火之中,但他时时刻刻在为如何减少战争、避免战争而着想。

由于龟兹等国在焉耆等三国的西面,鄯善等国在焉耆等三国的东面,班超遂安排各国军队分别从东西两面夹击。当班超亲率军队到达危须境界时,班超事先就遣使者分别通知焉耆、尉犁、危须三国国王"汉都护率兵前来,无非是行仁义之师职之,对你们三国予以镇抚"。告诉他们,如果改过自新,诚心归汉,可出来迎接王师,都护将代表大汉天子宣恩,王侯以下皆有丝绸布帛赏赐;如果不识时务,执迷不悟,胆敢违抗天威,大兵入境,玉石俱焚,到时候,即使自己绑缚着自己甘愿投降,也将于事无补。如今先送给每个国王彩缎五百匹,以示都护的诚心。这一来把焉耆王给弄糊涂了。这个班都护奇招多多,现在又不知出的哪一招。说是大兵讨伐,怎么大兵压境却不动兵马,先来送礼?焉耆王手拿赏赐的彩缎如烫手的山芋,拿着烫手,扔了可惜。焉耆王暗自派了探子前往汉营打探。探子回来禀报,汉营兵多将广,黑压压遍地皆兵,令人闻风丧胆。焉耆王更加胆寒，到底迎接不迎接？是自己去还是派大臣去？该派谁去？没有主见的焉耆王赶紧叫来左将北鞬支商议。左将北鞬支曾经是焉耆国派往北匈奴的侍子，回焉耆后执掌国家大权。焉耆王有名无权，一切都得听从北鞬支的。北鞬支一看焉耆王得到了那么多彩缎，见利忘形，坚持自己前去迎接班超，并说他去可以探探班超的虚实。探明情况后，他则随机应变，派其他人去，他皆不放心。焉耆王对北鞬支把持国政早就心存不满，却无能为力，今见北鞬支执意要去，心想，让他去吧，如果班超杀了北鞬支也正合我意。若礼遇北鞬支，也好探得虚实，便派北鞬支前往。

北鞬支带了酒肉礼品前去迎接班超的军队。班超早就听说这个左将北鞬支为匈奴侍子，归国后执掌大权，焉耆国所做的恶事都源于这个北鞬支。班超想起死于焉耆屠刀下的陈睦、郭恂两位大汉使臣和两千多名汉军将士，不由怒从心起，两鬓的青筋暴得突突直跳。但回头一想，现在还不是时候，要不露神色，但也不能显得过谦，所以，班超一见到北鞬支就给他了个下马威："噢，你就是北鞬支？你是匈奴的侍子，莫非还想臣事匈奴？"北鞬支慌忙连说："不是，不是的。"班超也不予理睬，只管继续说："我率大军到此，你们的国王为什么不出来迎接？想必是你从中作梗，到现在你才迟迟到来！"北鞬支还想狡辩，班超却笑道："既然你未阻挠，那就好，请你回去告诉你们的国

王,让他亲自来犒劳汉军!"说罢,令人取来数匹布帛,赏给了北鞬支。北鞬支一看不仅放他走人,还给了赐赏,连忙叩谢,落荒而去。

一旁的霍耀、田思几个人怒不可遏,见大哥开始还口气严厉地斥责,后来却又是笑容,又是赐赏,眼睁睁地看着北鞬支一行溜走。田思是个直脾气,还没等北鞬支走远,就吼道:"为何不宰了那小子?"班超故意笑着高声道:"我们汉军向来是仁义之师,我们来这里不是来打仗的,是以仁义感化,只要能说而服之则为上。"班超见北鞬支已经走远,就告诉田思几个:"现在不是时候,北鞬支在焉耆国权高势重,都不把焉耆王放在眼里。现在我们还没有到达焉耆国,如果杀了他,会引起焉耆国全国的惊疑,若他们加强防备,据险设关,拼死抵抗,我们怎么能顺利到达焉耆城下呢?"一席话,令田思几个心服口服。当兵将们知道这层意思后,个个跷起拇指,一片"啧啧"称赞声。

班超在出兵焉耆等三国之前,就派了钟民等人进行了侦察,探知这一带地形复杂,特别是焉耆,地势险要,关隘层层。大军若强攻这些要隘,势必会造成大量不必要的牺牲。因此班超才决定先暂且放北鞬支一条生路,稳住国王,寻机降服。焉耆王见北鞬支安全归来,便亲率高官到尉犁的边境去犒军。

焉耆王虽然在尉犁迎接班超,并献上礼物,但他从骨子里还是不思归汉，企图凭借地利阻止班超大军入境。从尉犁边境到焉耆城有一条河流，唯一能过河的路是一座苇桥。焉耆王在归途中过了河便把苇桥拆除了。班超知情后，仍然泰然处之。因为钟民早已事先打探过了，这条河另有一处水深齐腰的地方水流不急，大军可以涉水过河。所以一见苇桥被拆，班超一边挑出军中老弱数百人佯装架桥，并就地扎下虚营，生起炊烟，借以麻痹敌人，一边带着大队人马涉水过了河。

虽然说涉水过河处水流不急，但西域的深秋时分，已经是冷风飕飕，寒气袭人，而雪山上下来的水流更是冰冷。针对此情，班超事先请教了当地的兵卒。当地兵卒告诉他，冷天涉水过河，要先用河水搓揉腿脚，搓热之后才可下水，否则，腿肚子会抽筋，站立不稳，人一旦倒下去就危险了。班超传令过河兵将，先搓腿脚再下河，并事先安排一部分人马先过到河对岸，生起大火，熬好姜汤，待大部队过河后立刻烤干衣服，喝姜汤暖好身子。班超预计，大路上焉耆王肯定还设置了许多关隘。在钟民和当地向导的带领下，大军准备利用黑夜掩护，从另外一条险路行军。但这条路，要攀过一座高山，而且道路窄险，会影响了行军速度。钟民从向导那里得知，还有一条叫作"鬼见愁"的捷径，只是不宜大部队攀行。班超得知后，立即安排钟民带一部分兵将徒步从捷径开进，先期到达预定地点，做好大部队到达之前的准备工作。当大部队悄悄地开进焉耆国在离

王城二十里地的预定地点——一处沼泽地带时，钟民他们已经扎好了营寨。当焉耆王听到班超大军犹如神兵天降的消息后，一下子给吓懵了，想偷偷地率领人马弃城退入山里。

焉耆国的左侯元孟曾在汉朝做过侍子，他一心归汉，得知焉耆王要弃城逃往山里，便派人密报班超。班超以不相信这件事为由，下令把元孟的密使杀了。焉耆王听到这件事，悬着的心又放下了许多，还误认为班超信任自己，不会来和他打仗。这倒把元孟给弄糊涂了，心想，我真心帮班超，却不被班超理解。班超如果把我交给焉耆王怎么办？他惶惶不可终日。

扎下大营、处置完元孟告密之事后，班超约定日期，要与焉耆王、尉犁王、危须王及其臣子们见面，还告知他们要当面赏赐礼物。焉耆王此时已对班超十分放心，便决定赴约。但焉耆国宰相腹久和另外几个大臣做贼心虚，私下里嘀咕商议，认为班超不会轻易放过杀死陈睦、郭恂的凶手。

危须王心里很不踏实，事先逃走了，从此销声匿迹。

宴会十分隆重，班超开始还表现出非常热情的样子，待前来赴约的焉耆王等坐定，班超突然变了脸，两鬓青筋暴起，厉声呵斥焉耆王："危须王为什么不来？腹久等人为何逃走？"焉耆王和尉犁王吓得张口结舌，面如土色，呆若木鸡。

班超一声令下："弟兄们现在不动手还待何时？"霍耀、钟民等壮士一拥而上，把二王等人五花大绑，押送到了当年陈睦、郭恂等两千将士被害的地方。

班超亲自祭刀，只见班超接过钟民递过来的酒和刀，先将刀在鞋帮上鐾了两下，插在木墩上，再端起酒杯满满地斟了一杯，面向太阳升起的地方，双手将酒杯举过头顶，口中说道："陈都护、郭校尉，班超不才来迟了。二十年前，你们惨遭焉耆恶魔杀害，并有两千多名汉家儿男在此为国捐躯。这笔血债，二十年来一直压得班超喘不过气来。今天为你们报仇雪恨的时机来了，你们在天有灵，请登上雪山云头显灵观看，今天班超要他们血债血偿！"说罢，他将满满的一杯酒缓缓地洒在地上，一连如此奠酒三杯。接着扔掉酒杯，端起酒壶，满满地喝了一大口酒，拔出插在木墩上的刀，憋足气息，双唇忽地微开一缝，一股酒沫喷射而出，喷洒在明晃晃的刀刃上……班超此时双眼通红，青筋暴突，恨不得亲手宰了这些畜生，但他强压怒火，将刀交给了刀斧手。众位刀斧手手起刀落，将焉耆王等三十多人处斩，为当年惨死的陈睦、郭恂以及两千多名汉兵祭灵。

班超派人把二王的首级送到了京城洛阳报功请赏。随后，率军攻破了焉耆、尉犁和危须三国，杀死了五千多顽敌，俘虏了十万降兵，还收缴了被三王霸占的三十多万头马、牛、羊等牲畜。至此，西域剩下的焉耆、尉犁和危须三国全部归顺了汉朝。这真乃诗言："投笔怀班业，临戎想召勋。还应雪汉耻，持此报明君。"

班超再差人找到了元孟。元孟见了班超忙行大礼。班超扶起元孟，打量了一番，看到元孟言行果然不凡，究竟是在皇都洛阳修习了多年，懂得礼仪，便笑着对元孟解释道："那次杀你的密使，是为了大局不得已而为之。如果不这样做，会引起焉耆王的猜疑和警觉，也使你的处境极为不利，大汉还要委以重任。"这一席话立马解开了元孟的心结。班超早就知道元孟是一心归汉的，便立元孟为焉耆王，并请焉耆王元孟给密使的家室送去了厚重的抚恤。为了进一步稳定焉耆等三国的局势，班超在焉耆城停留了半年多，安抚百姓，将收缴的被三王霸占的三十多万头马、牛、羊等牲畜分发给了各国的百姓。至此，西域五十多个国家全部归汉。各国国王纷纷把自己的儿子送到洛阳做侍子，汉朝一统西域的局面再次出现。

第二十二章 壮心不已

班超自从汉明帝永平十五年（72年）投笔从戎出征西域，到汉和帝永元七年（95年），历经汉明帝、汉章帝、汉和帝三朝皇帝。在西域整整奋斗了二十七年，他凭借着自己顽强的意志、执着的追求、非凡的才能和超人的胆识，终于使西域一统，重归汉朝，以至西海一带的安息、条支等往西更加遥远的国家都来朝进贡。洛阳通往西域、西域通往西海的商贾络绎不绝，中西交流带来了中原经济、社会的向前发展。班超在张骞、傅介子等前辈的基础上，重新开通了这条由洛阳到长安，经西域再到西海的"丝绸之路"。当年的班超乃至汉明帝刘庄、汉章帝刘炟、汉和帝刘肇等，何曾想到这条"丝绸之路"直到如今仍

然发挥着不可替代的作用，促进着中国的发展，更促进着世界的发展。班超，功在当时，利在千秋。

在政治上，班超出使西域为巩固汉朝西部的疆域统治，为促进民族融合，为促进多民族国家的发展做出了卓越的贡献。他联合西域各国，成功地瓦解了北匈奴的势力，切断了匈奴的"右臂"。西域各国归汉，中原先进的封建社会制度与匈奴落后的奴隶制度在西域形成鲜明的对照，迫使北匈奴主力西迁，加速了匈奴余部与汉民族和其他民族的交流。在外交上，班超出使西域重新打通了"丝绸之路"，促进了中原与西亚各国各民族乃至欧洲、北非的经济文化交流，把中华文明再次推向世界。其历史功绩与张骞出使西域齐名。在经济上，班超出使西域，使西域的胡麻、胡豆、胡瓜、胡葱、胡萝卜等植物和骆驼、驴、马等优良畜种传入中原，而中原的丝绸、铁器、漆器及其生产工艺等传入西域甚至更远，使东西方的交流达到前所未有的规模，促进了西域各国的经济社会发展。在文化上，班超出使西域恢复了中原与西域的文化联系，汉语、汉字、汉制、汉俗在西域得到广泛传播，西域各国的公文、朝制、法典等融进了汉制，形成了以汉文化为主体的西域文化。

汉和帝永元七年（95年），汉和帝下诏褒奖班超出使西域做出的巨大贡献，特封他为定远侯，食邑千户。

第二年，皇帝下诏令：过去匈奴独霸西域，侵犯河西，永平末年甚至白天也要把城门关起来。先帝深深怜悯边疆老百姓遭受盗寇的祸害，就命令将帅出击右地，攻破白山，进军蒲类，攻取车师，其他定居的城郭都震慑响应，于是开辟了西域，设置了都护。可是唯独焉耆王舜，舜的儿子忠，叛逆不道，倚仗他们国家的险阻，杀死都护和官吏。先帝重视黎民百姓的生命安全，不想大动干戈，所以派遣军司马班超安抚于阗以西诸国。于是班超越过葱岭，到达县度山，出入二十二年，没有谁不服从。班超改立各国国王，安抚其人民。不惊动国内，不派遣军队，而使远夷和睦，异族同心，达到了施行讨伐、洗雪旧耻、替将士报仇雪恨的目的。古代兵书《司马法》说，"赏赐不超过一个月，是要让人们迅速看到行善好处。"

回顾班超出使西域的受封经历，不免使人感慨万千：

汉明帝永平十六年（73年），班超四十岁，随奉车都尉窦固将军出征西域，先封为假司马，再封为军司马。

汉章帝建初八年（83年），班超五十岁，受封为将兵长史。

汉和帝永元三年（91年），班超五十八岁，被封为西域都护。

汉和帝永元七年（95年），班超六十二岁，受封为定远侯。

前后三任皇帝，身经百战，终于一统西域，完成使命，受之艰辛，当之无愧！

此时的班超，年逾花甲，血气方刚不再，意气风发难留。长期在西域生活，沙漠戈壁、葱岭雪域、餐沙饮雪、血雨腥风，他已经老态龙钟。两鬓的青筋不暴自突，华发银须，脸色古铜，额上的皱纹似核桃纹，但唯一不变的是他的一颗赤胆忠心。

班超虽被封为定远侯，但他并没有居功自傲，也并没有故步自封，而是在谋划着更加宏伟的事业。他想起了当年自己从大月氏出发去条支，翻越悬度山，因力不从心、道路所阻未果，至今悔恨不已。当他见到各国商贾云集于西域，川流于古道的时候，特别是他与那些安息、条支的商人交谈时，得知他们贩运的丝绸、漆器还会转运到更远的大秦[①]。他又得知，大秦国与汉朝的疆域比肩，农业相当发达，物产相当丰富，那些安息、条支商人手中的面食、宝石、香料、药材和玻璃器皿多来自大秦，班超不免心存惆怅。我们何不直通大秦？如果我们越过安息商人，直通大秦，那我们大汉的商人可就赚大了，我们大汉的国力一定会比现在更加强盛，圣上也就不愁缺少钱财难以发兵护疆。听说大秦到西域与洛阳到西域距离差不多，我们能从洛阳到这里，完全能从这里到大秦去。然而"廉颇老矣"，自己难以再承担大汉使命，开拓更新、更远、更大的疆域了。可是他不甘心呀！

班超想起了他的三十六名壮士中的向导兼翻译甘英，此人为人精明，精通西域数国语言，略通安息、条支等国语言。一日，班超找来甘英与之交谈。班超问甘英："你了解西域吗？"甘英答道："西域诸国，东西六千余里，南北千余里，东极玉

[①] 大秦又称犁鞬，是当时对罗马帝国及近东地区的称呼。

门、阳关,西至葱岭。南北有大山,南曰葱岭,北曰天山。"班超笑道:"这是疆域,我问的是西域之重要何在?"甘英略加思索,答道:"西域是大汉的门户,西域平而大汉安,西域通而大汉富。"班超又问:"你还记得当年我给你们讲过的周穆王西游的故事吗?"甘英不解地回答:"当然记得,那故事发生在葱岭的那边。"班超接过话茬:"葱岭那边你知道多少?"甘英说:"你知道我除了跟随你到过大月氏,到过悬度山,从未去过悬度山以西的地方,只是听传言而已,在侯爷面前,不敢妄言。"班超便给甘英谈了自己的设想和打算。甘英接受了班超交给他的出使条支、安息乃至大秦的使命。

  班超同甘英一起,又通过与过往汉商、当地民众和安息等多国的商人交谈,得知了关于大秦比较准确的信息。大秦国,因为地处大海的西面,所以也叫海西国。大秦疆域有几千里,有四百多座城市,为其役使附属的小国有几十个。大秦的城墙用石头垒成,国内设有邮亭,全都用白色泥土涂饰。人们致力于农业耕作,很多人种桑树养蚕。他们都剃去头发,身穿绣有彩色花纹的衣服,乘坐白色车盖、用马拉的轻车,进出敲鼓。他们所住的城邑,方圆有一百多里。城内有五座宫殿,每个相距十里。大秦的国王每天住在其中的一个宫殿治理政事,经常有一个人拿着袋子跟随国王的车,谁有事情要禀报,就将文书放到袋子里面,国王回到宫殿里再打开来看。国王设有分管各方面的文书官员,设置的三十六位将领,都参与商议国家事务。大秦没有固定的国王,而是挑选有才德的人担任国王,且经常

第二十二章 壮心不已

更换。那儿的人都长得又高又大，长相端正，和中原人差不多，所以称为大秦。当地有很多的金银和珍奇宝物，有夜光璧、明月珠、骇鸡犀、珊瑚、琥珀、琉璃、琅玕、朱砂、碧玉。他们用金丝织成金丝织品。他们用黄金镀物制作石棉布，另外有一种很细软的织品，有人说是用水羊的捆毛或野蚕茧制作而成。他们把许多香料混合在一起，将香料的汁煎煮做成苏合香。凡是国外的许多珍奇物品都出自那儿。

他们用金银作为钱币，十个银钱相当于一个金钱。他们与安息、天竺的人互相通商。那儿的人质朴正直，同一种货物在市场上没有两种价格。粮食价格经常保持在低位，国家财政富足。凡是相邻国家的使者到了大秦边界，就由驿站派人陪同到国都，到国都以后大秦就给他们金钱……

不打听不要紧，一详细打听，更加开阔了班超的视野，不由得让班超感慨万千："我班超老了，用家乡的话说，黄土壅在下巴上了。人老力衰，实在是跑不动了。若苍天再给我二十年，不，十年，我一定会亲自去一趟大秦。"班超忿忿地撖了撖手中的拐杖，由于用力过猛，引起他一阵阵咳嗽。阳光下，班超看见了自己佝偻的身影，抬头又看见走步如风的甘英，会意地点了点头。岁月不饶人，可机会也不等人啊！现在不乘着汉室一统西域的良机去更为遥远的西方看看，说不定机会转瞬即逝。机不可失，时不再来，把机会留给年轻人吧！紧迫的使命感更加激起了班超遣甘英出使大秦的决心和信心。

第二十三章 遥望大秦

汉和帝永元九年（97年），经过一番精心筹划、认真准备之后，汉西域都护、定远侯班超派遣甘英出使大秦。

甘英沿西域南道西行，经鄯善、且末、精绝至于阗，再南下到达皮山，再由西南经乌秅①，翻越悬度天险，到达罽宾②。翻过悬度天险，甘英觉得这里的气候与西域仿若两重天。这里气候温暖，草木繁盛，牛羊成群，遍地奇花异果，四处珍禽异兽，物产丰富，琥珀琉璃琳琅，金器银具满目。离开罽宾，下一个国家就是乌弋山离国③。离开西域都护辖地，甘英马不停

---

①②③古西域国名。

蹄地走了六十余日才到达乌弋山离国。这里是一片茫茫的草原，常有狮子、犀牛出没。据说曾经汉使最远也就到达此地，但甘英不能就此止步，必须继续西行。据往来商贾说，此地距条支国，马行还需百余日，真是任重而道远矣。

历尽千辛万苦，甘英终于到了第一个目的地条支国。到了条支国，他才发现，北地实际与听说的以及想象的相差十万八千里。这里三面环海，只有西北方向与陆地接壤，而且大片大片种植的是稻谷，仿佛到了江南。甘英路过了许多小国，皆是一晃而过，这里则不同。他带着通关文书，拜见了条支国国王。国王一听甘英为汉使，大为高兴。甘英送上了丝绸礼品，国王更是喜上眉梢，但一听甘英还想继续西行，国王忧心忡忡。他并不是想留住甘英，而是告诉甘英："这里距大秦万八余里，陆路海路兼行，比从这里到你们的葱岭脚下还远，我们的商队，最远到达安息也就止步了。你们不为经商，还是别去了。"但甘英哪能因条支王的一席话而停下西行的步伐？何况有使命在身，岂能半途而废！

甘英听条支人说，大秦广袤数千里，城堡几百、属国几十……甘英听后，如同回到东周时代。又听说那里的人蓝眼睛、红头发、高鼻梁、深眼窝，这更增添了甘英的猎奇心理。据说大秦人喜用巨石筑城，甘英想，比得上我们的长城吗？又听说那里的皇宫都以水晶为柱，甘英无言了，心想：我们的臣民，谁拥有一个水晶杯就觉得非凡了。一根水晶柱子，能做多少个水晶杯？又听说那里的人喜欢大汉的丝绸，但只有王公大臣或巨商们才能穿戴丝绸，甘英的心情才稍微平复。

面对前面的艰难险阻，甘英想起了班超那句"不入虎穴，焉得虎子"的名言，决定从条支国再次启程。

条支国也不是个小国，却只是安息国的属国，可见安息之大。真正的安息，你在哪里？出了条支国，转北而东，把甘英一行都转晕了。越接近安息，天气就越来越热，这里的气候与西域简直截然不同。马行六十余日，他们才到安息的一个叫木鹿的地方。西行三千四百里至阿蛮，再西行三千六百里他们终于到达安息都城泰西封。同样，甘英拜见了安息国王，送了更多的见面礼。安息国国王所统疆大域广，不像条支国国王那样能与甘英一行推心置腹，似有一种爱来不来、爱走不走的态度。

甘英离开安息王的宫殿之后，安息王从鼻孔里低低地哼了一声："哼！大汉国竟然想抢我们的饭碗，应该想办法阻止他们。"安息人垄断着丝绸之路，看到汉朝的使臣甘英出使大秦，安息人心里不安是肯定的。自己夹在大汉和大秦中间，如果东西两个大国联手，那自己从哪里赚钱？安息国企图永远把持着汉朝与大秦交易的中转点，将汉朝的丝绸与大秦交易，将大秦的珠宝与大汉交易,从中获取垄断的暴利。于是,他们就想办法阻止甘英去大秦。

安息王立即召集文武大臣商议对策。武将说:"灭了甘英他们,以绝后患!"文臣说:"下策!听说葱岭以西,现在成了大汉的天下,大汉正盛,我们不能引火烧身。"武将文臣争执不下,这时,安息王手下的一位谋士说道:"我们不妨动点手脚,派几个能说会道的人假扮成向导和水手,将汉使甘英一行往海边引,阻止他们从陆路到达大秦,再告诉他们渡海到大秦去。我们可以先劝告他们海上危险,十有八九会葬身大海。如果他们执意要渡海,我们再做手脚,使他们葬身大海。如果他们胆怯不敢渡海,那就只能无功而返了。"安息国王便听从了谋士的建议,立即安排下属去操办。

甘英一行正准备继续西行。这时,安息王的下属来报:"我们的国王让我来感谢大汉使者给他送了上好的丝绸布帛,并告诉我,你们万里迢迢来到我们安息,人生地不熟,让我给你们当向导,好生伺候你们。"甘英听了信以为真,非常感谢安息王的一番好意,便跟随着向导出发。甘英一行在安息向导的带领下,向西南方向行进了九百六十里,到达于罗国,于罗国仍属安息国的属国,到这里才算到了安息国的西界,也来到了大海边。茫茫的大海,波涛汹涌,一望无垠,据说大秦国就在大海的彼岸。长期生活在沙漠戈壁河西一带的甘英，最多也就到过黄河边上，从来没见过如此波澜壮阔的水域，别说乘船渡海，仅在海岸边站着都觉得头晕目眩，心惊胆战。一直以勇往直前而扬名的甘英站在海边，此时心里犯了嘀咕。

其实，甘英一行所到达的地方并不是阿拉伯海，而是波斯湾。波斯湾介于伊朗高原和阿拉伯半岛之间，西北起阿拉伯河河口，东南至霍尔木兹海峡，长970多千米，宽56～338千米，面积24.1万平方千米，平均水深约有0.04千米，最大深度有0.104千米。公元1世纪的大秦地理学家斯特拉波第一次用波斯湾来称呼这一地方，而阿拉伯人则称这一地区为阿拉伯湾。

想乘船到达彼岸，难度到底有多大？从未见过大海的甘英心里没底，拿捏不准，只好询问经常往来于海陆之间的当地水手。一位水手告诉他："你问这海有多宽，多少日可以到达彼岸。怎么说呢，这海说宽不宽，说窄不窄。运气好，风静浪平，最多也就是三个月。如果遇上大风大浪，掀起数丈巨浪，大船偏离航道，漂泊一年两载是常有的事。我每次渡海，都得准备三年的食物。海上容易生一种怪病，你们不习水性，就别想活着回来，更别想渡得过去。"甘英仍不死心，又另外问了几个水手和过往的商人，大家好像不谋而合似的答案一致。面对大海本就畏难的甘英听了水手和商人的一番话，只得望洋兴叹，打

第二十三章 遥望大秦

道回府了。

甘英万万没有想到,此次若不回头,会把我国的航海事业的发端前推一千年!《后汉书·西域传》曰:"和帝永元九年,都护班超遣甘英使大秦,抵条支。临大海欲度,而安息西界船人谓英曰:'海水广大,往来者逢善风,三月乃得度,若遇迟风,亦有二岁者,故入海人皆赍三岁粮。海中善使人思土恋慕,数有死亡者。'英闻之乃止。"

当甘英又经过千辛万苦的长途跋涉回到西域时,已经是汉和帝永元十二年(100年)。此时的班超已经年近古稀,更加老态龙钟了。班超听到甘英回来,眼睛突然一亮,忙问甘英如何。疲惫的甘英突然双膝跪倒,跪求都护饶恕:"甘英不才,未能完成都护使命,于安息大海边止步,半途而废啊……"说着,他便泣不成声了。班超的眼神黯淡了许多,捂着胸口连声咳嗽,竟然吐出了一口血来。甘英见状,忙起身扶着班超坐定问道:"都护大人,这是怎么了?"说着,甘英递过一杯茶水。班超接住茶杯漱了漱口答道:"不碍事,近来胸痛的老毛病犯得是勤了些。大概是盼望你回来日夜熬煎的吧,近来老是睡不着,生怕你有什么闪失。回来就好,回来就好。"

甘英又跪下并长跪不起,不敢大声说出下面的话,压低嗓门说道:"我没带好田虑和朵儿,田虑……从悬崖上……掉进了深渊，朵儿……病死在……归途中……"他又说："卞升……我打听的消息不太准确……听说被人……被人害了……"班超一声接一声地咳嗽，又咳出了血丝，脸色也因咳嗽而涨红，从牙缝里断断续续地挤出一句话："都走了……都走了……你们都走了，留我这个糟老头儿于世无益矣……"班超想起了和他一起出关的钟民、霍耀等几个出生入死的兄弟：孟思未到沙场身先卒，累死在戈壁大漠之中。钟民、田思和他一样，到老来总是一声接一声地咳嗽。民医们的药倒是服用了不少，终是回天乏术，命殒黄沙。霍耀在攻打焉耆一役中身负重伤，终未能挺得过来。薛金和他的妻子过得本还不错，可谁知却中了风，卧床半年而故。

　　班超让甘英坐下来慢慢地说。甘英只好坐了下来，给班超一一汇报了西行的经过。当甘英讲到他们"抵条支而历安息，临西海以望大秦，拒①玉门、阳关者四万余里"时，班超听后好像在思虑着什么，嘴里喃喃地絮叨："大海……海路……"

　　其后，甘英又给班超汇报了他所经之处的民风民俗、人种特点、性情才智、物产品类、河流山川、气候节令和道路畅塞等。甘英还汇报了他们历经的艰辛："所经之途，常常是在山崖上开凿梯阶，在山间架设栈道，有时竟然需要用绳索悬缒攀行。

---

①距

穿越沙漠，常常使人身体燥热难耐；攀登高山，常常使人头痛难忍，有的地方还有暴风、恶鬼出现……"班超告诉甘英："这些应该静下心来，一一详记，这是非常珍贵的资料，咱们未达大秦，不等于大汉不能到达大秦呀！"

派甘英出使大秦，这是班超的最后一搏。要不是当年因榆勒的背叛而耽搁几年，班超定能亲自出使大秦，无奈"廉颇老矣"。苍天啊，岁月不饶人啊！

第二十四章　叶落归根

　　甘英回到西域的当晚,班超又是一个不眠之夜。他躺在被窝里,似睡非睡,难以入睡,由大海想到了波涛,又想到了思慕之物……身旁的疏勒夫人已经进入梦乡。看到班勇的母亲,班超不由得想起了自己的母亲,由母亲又想起了父亲和哥哥……干涩的眼角竟然流出了一滴泪珠,一直滚落到耳旁才感觉到,他伸手擦了擦。这真是"疮病驱来配边州,仍披漠北羔羊裘,颜色饥枯掩面羞。眼眶泪滴深两眸,还思本乡食牦牛,欲语不得指咽喉"。班超一边擦着泪珠一边似呓非呓:"爹、娘,别给儿子托梦了,儿子不孝,没给二老和大哥坟头上焚香、奠

酒，饶恕儿子吧，自古忠孝难以两全。"由"忠"字，他又想起了明章二帝……由"忠"字，又似醒非醒、似梦非梦地想起了孟思、钟民、霍耀、薛金、卞升、朵儿、田思和田虑几个兄弟来。想着想着，班超不由得自言自语："都给我托梦来了，唉，我也该回老家了……"他梦着想着说着，觉得躺下实在难受，便伸手点亮了麻油灯，干脆坐了起来。

天刚麻麻亮，班超就起来了，磨墨、润笔、展帛……白白的布帛刚刚展开，几丝华发落在了上面。班超摇摇头，喃喃道："唉……老了……老了……爹娘唤我来了……"班超熟知"身体发肤，受之父母，不敢毁伤"，不由自主地摸了摸自己稀疏的头发，头顶上的发髻快到了挽不住的地步。班超尽力稳住颤抖的手，终于拟就了一篇奏章。

班超上疏曰："臣闻太公封齐，五世葬周。狐死首丘，代马依风。夫周、齐同在中土千里之间，况于远处绝域，小臣能无依风首丘之思哉？蛮夷之俗，畏壮侮老。臣超犬马齿歼，常恐年衰，奄忽僵仆，孤魂弃捐。昔苏武留匈奴中，尚十九年，今臣幸得奉节带金银护西域，如自以寿终屯部，诚无所恨；然恐后世或名臣为没西域。臣不敢望到酒泉郡，但愿生入玉门关！臣老病衰困，冒死瞽言，谨遣子勇随献物入塞，及臣生在，令勇目见中土。"

那句"臣不敢望到酒泉郡，但愿生入玉门关"，今人读到此，亦会潸然泪下。不知班超当时是怎么想的，或许他只是想让班勇这个在西域沙漠里长大的儿子回到老家去，或许他是在给汉和帝举荐他的这个儿子，使其在他之后能当大任……总之他在奏章中提到的这位"班勇"，日后又执起了父亲班超的使节，为汉室驰骋于西域。从"谨遣子勇随献物入塞……令勇目见中土"看，当时的班超，大概已经预感到自己将不久于人世，疏勒国"去洛阳万三百里"，他就没有奢望能坚持到返回洛阳。

不久，二十二岁的汉和帝刘肇收到了班超的奏章。叶落归根，人之常情。一个为国尽忠尽力的封疆大臣，古稀之年应该让他回归故里颐享天年。可是派谁去接替班超呢？谁又能像班超那样德高于葱岭，望重于西域呢？汉和帝虽然从未见过班超，但他却深知，以班超的声望，一人可顶千军万马，只要他人在西域，就能稳住阵脚。班超在，西域平。所以汉和帝久久未复，一搁置，又是两年多的光景。

班超在西域的风沙中苦苦地煎熬，没见到汉和帝的只言片语。但他忠心不改，挣扎着、尽力地按时巡视西域各国，视察民情军情。和平年代了，他将手下的汉军分置在几个疆域较大的国家，屯兵垦田，自给自养，并告诉他们，农忙时务田，农闲时操练，不能忘却了军人的职责。他每次出巡，总是挺直腰杆强打精神，可一回到帐中就咳嗽不止，尽管随身携带用于止咳的甘草、杏仁、沙参等草药，但病总是时好时坏。

一日,班超巡视归来,疏勒夫人招呼他洗漱。他无意中发现夫人头上出现了几丝白发,突然想起了自己远在洛阳的夫人。他离开洛阳时,她还是三十没出头的妇人,如今也该满头银发了吧。他想起了儿子班雄,早过了而立之年了,若能见面,肯定认不得了。他又想起了妹妹,那双聪慧的大眼睛不知还是水汪汪的吗?唉,自己都这把年纪了,妹妹也该接近花甲了,还有什么水汪汪的眼睛。想起妹妹,班超的脸上挂起一丝笑意,听说大哥去世后,妹妹接替大哥续写了《汉书》,终于完成了父亲和大哥生前的夙愿。妹妹与邓皇后交情甚深。无意间想到这里,班超突然眼前一亮,何不给妹妹写封信,让她在皇后和皇上面前求情,或许会得到汉和帝恩准,让自己得以叶落归根。

班昭收到了二哥从万里之外捎回的书信,不免泪流满面。三十多年了,血气方刚的二哥成了老病缠身的古稀之人,一种血脉相连的骨肉之情汹涌于心头。平日里,每每夕阳西下之时,她都不敢直面落日。她知道,自己的二哥班超就在太阳落下的那个地方。当收到二哥从万里之外落日的地方寄来的书信后,这种思念之情倍增。二哥已经风烛残年,自己尽管与邓皇后私人交情颇深,但这是朝政之事,后宫干政且有杀身之祸,何况自己一介普通女流乎?可是,一想到二哥佝偻着身躯,苦苦挣扎在西域荒漠雪岭之中,班昭激奋之情便涌遍全身。当年二哥为救大哥出牢狱,驰马千里,舍命上奏,而今二哥的境况与当年大哥的境况截然不同。二哥当下是朝廷的封疆大臣，是在为朝廷卖命，唯一请求的是叶落归根，合情合理。当年二哥有策马救兄之勇，如今就应该有妹妹上疏迎兄之举。班昭想到这里，立即展帛拟就奏章一份。

班昭含着热泪写完奏章时，竟然情不自禁地趴在书案上大哭起来。她的哭声，惊得前来报信的侍女不知如何是好。她的两只大眼睛红肿得挤成了两条眯缝，即便她在铜镜前擦拭了一番也无济于事。这时，侍女开口："邓皇后驾到。"班昭慌忙出迎。邓皇后见班昭如此模样，忙问为何，班昭只得实情相告，听后邓皇后竟然也掩面而泣，又对班昭安慰了一番，当即答应此事由她操办，请班昭放心，并悄悄地告诉班昭，前段时间皇上因后宫之事心情极差，导致原本商榷派人赴西域接替班超回朝之事一拖再拖。现在后宫终于平妥，皇上也该到了处理此事的时候了。

班昭的奏章，句句情真，字字意切，汉和帝读了黯然泪下。再不让班超这样的忠臣良将叶落归根，以后谁还能如此为朝廷尽忠尽责呀！汉和帝立刻下诏让时任乌桓戊己校尉的任尚接替班超任西域都护，召班超回京。

班超离开西域前，还巡游了西域几个国家。首先得到班超将要离开西域消息的是龟兹王白霸。得知消息的当天，他就来到西域都护府，力求挽留班超，但任尚都护已经到来，汉和帝

派来迎接班超回京的车马仪仗队同时来到它乾城，整装待发。若不是班超要求再次巡游西域各国，一行人即日就会动身起程回京了。班超巡游各国的首站是疏勒，疏勒民众听说后早早地簇拥在槃橐城外。班超的车马队伍一到，就被疏勒民众围了个里三层外三层。疏勒王成大出城迎接班超，见到班超，双膝下跪，引得疏勒民众黑压压跪倒一片。疏勒夫人见状，立即上前扶起跪在前面的几位长者，并大声告诉民众："大家快快起来，快快起来，我家老头是咱疏勒的女婿，受不得如此大礼。"班超也赶紧俯身搀扶长者，且告诉民众："夫人说的是，我班超来西域三十多年，就是为了使大汉和西域结为一家。其实，西域人与中原人，包括匈奴人，都是同源同根，只是树大分枝，人口迁徙，历史的长河把我们分成了这里人、那里人。我们今天你战胜我，明天我战胜你，实属兄弟相残、同室操戈。只要我们一心向汉，世代和睦，我们的好日子定会绵延不绝。"班超平日里说几句话都得咳嗽半晌，今日心情特别兴奋，竟连一声都未咳。班超先后又到了莎车、于阗、鄯善等国，莎车王齐黎、于阗王广德、鄯善王成大以及他们的民众，一国更比一国热情。在巡游各国途中，班超没忘记和他一起出生入死的遇难兄弟，一一抚恤了霍耀、钟民、薛金、卞升、田思等壮士的家属，向他们的灵位做了最后的告别。归途中，他也没忘记葬身莫贺延碛的孟思。他拖着风烛残年的身躯，专程寻找到了孟思的沙土坟丘。真是奇迹无处不在，朵儿当年插在坟头的沙柳枝，竟然奇迹般地活了下来。三十一年了，它尽管扭扭斜斜而非郁郁葱葱，但总算顽强地存活了下来。柳枝在风沙中向东摇曳着，摇曳着，好似告诉班超："我的根在东方……"触景生情，班超不禁老泪纵横。他在孟思的坟头奠酒、看香、叩头，算是对老朋友的最后告别。

"暮雪连青海，阴霞覆白山。可怜班定远，生入玉门关。"迎接班都护回京的车队终于浩浩荡荡地来到了玉门关。看见玉门关，班超不由自主地摸了摸胸口，心脏还在跳动着，不免一声感叹："啊！玉门关，我班超终于活着回来了！"人的"欲望"是无止境的，"生入玉门关"了，还想"望到酒泉郡"。班超告诉儿子班勇，把早就准备好的一块于阗玉取出来镶嵌到玉门关的城墙上。据说为了入关后一路顺风，凡进入玉门关的车队，必须得在城墙上镶一块玉石，久而久之，原本的小方盘城便更名为"玉门关"。班勇搬来了一把高梯登了上去，按带来的玉石大小，在城墙上凿出一方凹坑，将玉石镶嵌了进去，四周打进了楔子，糊上了泥巴。当剩下最后一把泥巴时，班超来了。他让班勇从高梯上下来，自己挣扎着亲自登了上去，将最后一把泥巴糊了上去。

来时一片荒凉的河西，此时已经到处繁荣，一群群牛羊肥壮健硕，一片片庄稼郁郁葱葱，一队队商贾络绎不绝……

　　为了重温来时的艰辛，车队按班超的意愿，原路返回。车队到了右扶风美阳县，可直接东南行至槐里县进入渭河川道，而班超绕道南行二十里，非得回一趟老家班家谷不可。一路上的行程都由疏勒夫人负责，她的坐骑总是在车队前领头。此时，她何曾不想回到这个常常被丈夫提及的婆家——美丽的班家谷。车队顺着畤水一路南行，在畤水与漳水交汇的地方，骑行在疏勒夫人身后的向导告诉疏勒夫人："看，对面的山丘就是飞凤山，右首的小河谷就是班家谷，谷旁的黄土台就是班大人的老家班家台。"疏勒夫人眼中看到的班家谷，远远要比听说的美丽多了。看惯了黄沙漫天的疏勒夫人，被这里的绿山、绿水、绿原、绿野的一片片苍绿、翠绿、嫩绿所陶醉。马行到漳水边，疏勒夫人竟然下马，双手掬起了一捧清澈的河水一饮而尽。甘甜的河水沁人肺腑，疏勒夫人彻底陶醉了……

　　车马劳顿，班超自从过了陇西就一直迷迷糊糊地在车厢里睡着，偶尔清醒一次，也是不断地咳嗽。随行的太医，不时地把脉诊断，生怕班超有什么闪失，回京难以向圣上交差。可是，当车队一进入右扶风境界，班超却异常清醒，不时撩开车帘向外张望。到了美阳境界，更是异常兴奋，竟然下车来，用拐杖指着北部的山脉说道："那山本叫蟜山，上古时，是有蟜氏族的领地，黄帝时是岐伯的封地，更名为岐山。后来秦孝公见这里地肥水美，改曰美山，地名改为美阳。"到了畤水边，他又给随从兵卒解释道:"这水原叫岐水,因秦灵公在此修畤祭祀神农炎帝而更名畤水。"不难得知,在班超的心目中,他的家乡是一个历史人文积淀特别丰厚的地方,真是地灵人杰。说到家乡,班超竟然像小孩子一样嘴角流出了口水。随从太医连忙用巾擦拭,班超却说:"不碍事,我想起了我娘做的面了,那真叫个一口香!一根面,面头已经下咽到肚子里,面尾还在碗里,那香味从嘴唇到牙齿,从舌尖到喉咙,从食道到肠胃,一口能香到底呀!"随从太医听着,口水也不由自主地从嘴角流出。

班家谷的父老乡亲听说他们的老祖宗班超爷爷回来了,纷纷来到漳水畔迎接老祖宗回家。围上来一大群乡党,班超竟然一个都不认识。六十多岁的族长是谷中年龄最长者,他只是小时候见过长他十多岁的班超,印象已极为模糊了。

听说老祖宗想吃一口家乡的臊子面,族长连忙差人割肉燣臊子,不久一碗碗扶风臊子面便端上了饭桌。班超不愧为周礼之乡长大之人,忘不了家乡的礼数,饭前先来到班氏祠堂,给老先人们焚香、点蜡、跪拜、叩首。等第一碗臊子面出锅,他双手捧碗,奉献在祖宗神像面前,然后才坐在饭桌旁,吃起了出锅的第二碗。疏勒夫人也端起了一碗臊子面。筷子还没着唇,一股香气早已沁入肺腑,一口面下咽,疏勒夫人连连说:"香、香、香,还有这么香的饭啊!"再吃再尝,疏勒夫人赞不绝口:"汤味油而不腻,酸而不涩,辛而不呛,面条薄而不断,筋而不硬，光而不滑，不用咀嚼，真是班勇父亲所说的'一口香到底'呀！"

吃罢臊子面，班超一行的车马沿着沣水顺驿道向东而行，走过五里路程，驿道路南是班家的祖茔，这里安葬着班超的爷爷班稚和奶奶，安葬着班超父亲班彪和母亲，安葬着班超的大哥班固。

班超一行停车下马，进入班家祖茔。班超主祭，班勇和疏勒夫人随后，其他乡亲和随从等人也一同祭拜了班门先祖。令班超感动的是，父亲去世四十多年，母亲和哥哥班固去世也十多年了，但从痕迹上看，坟头的封土乡亲们仍然年年在新添，坟前的香火似从未断过。班超领着大家在各个坟头进行了三跪九叩之礼，一一上香祭奠。在母亲的坟头，班超久跪不起，老泪纵横，不住地喃喃道："儿子不孝，未能亲自送您入土，未能给您守孝三年，望母亲在天之灵饶恕不孝的儿子吧……"在众人的劝说搀扶下，班超才依依不舍地离开了祖茔，一行人马告别了班家谷的父老乡亲，沿着驿道继续东行。

汉和帝永元十四年（102年）八月，在西域奋战了三十多个春秋的班超终于生入玉门关，终于越过酒泉郡，终于复翻洪池岭，终于再渡黄河，终于重见老家右扶风，终于饮马渭河边，终于带着疏勒夫人和儿子班勇返回京城洛阳。

当年策马救兄的意气风发不再，当年投笔从戎的血气方刚不再，带回来的只剩下一把风烛残年的老骨头。

回京后，他被汉和帝拜为射声校尉，即善射的将军，掌禁军中的弓箭手部队。

回顾班超出使西域的三十一年，用血雨腥风来形容绝不夸张。他经历了大小无数次战斗，而最值得称道的是其中的六次战斗：

一是出使鄯善，以少胜多，三十六人，竟然战胜匈奴三百多人，一鸣惊人。

二是出使于阗，仍是三十六人，杀一儆百，杀掉巫师，灭一人而镇数国。

三是征战疏勒，擒贼擒王，捉放兜题，赢得疏勒民心。两年降三国，在西域终于站住了脚跟。

四是胜莎车，围点打援、调虎离山、声东击西、以巧取胜、以弱胜强，硬是以两万人马战胜了五万大军。

五是智胜大月氏，四两拨千斤，坚壁清野、断敌粮路，两奇招使得大月氏七万兵马甘拜下风。怀柔治夷，使西域两人强国大月氏、龟兹臣服。

六是击三国，斩首行动报仇雪恨，拔掉西域"钉子户"，扫平天山"拦路虎"。这六战，堪称外交史上的奇迹，战争史上的经典。

班超，既是著名的外交家，更是著名的军事家。

有诗赞曰:"班超壮士,燕颔虎头。困而投笔,远博封侯。鄯礼忽衰,知有敌谋。三十六人,危亡之秋。激众举火,夜烧尽道。鄯善碎胆,纳子拜投。更使西域,斩巫若沤。疏勒辨种,立忠逐兜。一时威德,有恩有仇。恐汉弃我,抱马足留。威震西域,不许妄求。逆既诛斩,降则准收。五十余国,贡属不休。玉关生入,壮志大酬。"

班超回到自己三十多年来魂牵梦萦的洛阳家中,疏勒夫人带着儿子班勇也终于回到了自己从未进过门的婆家。班超回家后不见了母亲、不见了长兄班固,见到的只是父亲班彪神位旁的两尊白底黑字的牌位,见到了同他一样风烛残年的他的洛阳夫人,班超不免又一次老泪纵横。

儿子班雄带着孙子班始来了,小孙子的大眼睛不停地眨巴着,不解的眼神好似在问:"家里哪来这么个糟老头子?"妹妹班昭带着外甥曹成来了。在曹成的记忆里,二舅人高马大,虎背熊腰,怎么眼前佝偻着身子的这位竟是二舅……

一大家人终于团聚了。按说班超儿孙绕膝,应该颐享天年,幸福地度过余生。然而三十多年的餐风啮雪、血雨腥风,积成了胸痛久咳的顽疾。万里路程的车马劳顿使他旧病复发,更为虚弱。

回京后不久,班超竟一病不起,汉和帝、邓皇后多次派太医前往诊治,但无济于事。汉和帝永元十四年(102年)九月的一天夜里，班超意识突然清楚起来，竟能清晰地忆起王褒的《九怀·通路》："……乘虬兮登阳，载象兮上行。朝发兮葱岭，夕至兮明光。北饮兮飞泉，南采兮芝英。宣游兮列宿，顺极兮彷徉……"班超觉得自己乘着虬龙飞上了高空，骑着神象遨游在苍穹。早晨从葱岭出发离开了西域，傍晚就到达了东方的明光山中，来到北方渴饮昆仑飞泉，又游至南方采摘灵芝花英。自己遍游了天上二十八星宿，围绕着北极星在太空中漫步徘徊……班超此时已经口不能语，身旁的亲人们明显感到班超要说什么，但班超只是嘴唇微微张了张，什么也说不出来，唯见他的右手食指微微地屈了一下。

到天明之时，汉西域都护、定远侯、射声校尉班超带着微笑溘然长逝，终年七十一岁。

班超逝世后，汉和帝遣使吊唁，诏令赐给梓宫①、便房②各一具，安葬于京城洛阳北郊，与汉光武帝原陵隔山相望。班超墓地北面便是著名的北邙山，有道是：生居苏杭，死葬北邙。自光武帝入葬北邙以来，王侯将相，社会贤达，莫不以死后能被允许葬于北邙为荣。班超的同乡梁鸿先生有诗曰："陟彼北邙兮，噫！顾瞻帝京兮，噫！宫阙崔嵬兮，噫！……"

---

① 帝王、重臣的棺材。
② 帝王、重臣亡灵休息的地方。

附 录

班超年谱

汉光武帝建武八年（32年），生于扶风平陵班家谷。

汉光武帝建武九年（33年）至汉光武帝建武二十一年（45年），在家乡扶风。

汉光武帝建武二十一年（45年），妹妹班昭出生于扶风。

汉光武帝建武二十一年（45年）至汉光武帝建武二十三年（47年），在家乡扶风。

汉光武帝建武二十三年（47年），哥哥班固去洛阳上太学。

汉光武帝建武二十三年（47年）至约汉光武帝建武二十六年（50年），在家乡扶风。

约汉光武帝建武二十六年（50年），随父亲班彪去望都。

约汉光武帝建武二十六年（50年）至汉光武帝建武

三十年（54年），在望都。

汉光武帝建武三十年（54年），父亲班彪病逝。是年妹妹班昭出嫁。

汉光武帝建武三十一年（55年）至汉明帝永平五年（62年），在家乡扶风。

汉明帝永平五年（62年），随哥哥班固迁居至洛阳。为官府抄写文书。

汉明帝永平六年（63年），为兰台令史，掌管奏章和文书。

汉明帝永平六年（63年）至汉明帝永平十五年（72年），在洛阳。

汉明帝永平十五年（72年），投笔从戎，随奉车都尉窦固出兵攻打北匈奴。

汉明帝永平十六年（73年），率兵进攻伊吾，在蒲类海与北匈奴交战，大胜，匈奴呼延王逃遁。

是年，任假司马，出使鄯善国。"不入虎穴，焉得虎子"，斩杀匈奴使者，鄯善归汉。

是年，任军司马。出使于阗国，于阗归汉。

汉明帝永平十七年（74年）春天，进兵疏勒国，疏勒归汉。

汉明帝永平十八年（75年），龟兹、姑墨等国进攻疏勒。孤军坚守了一年多。

汉章帝建初元年（76年），章帝下诏西域撤兵，抗旨坚守西域。在疏勒。

汉章帝建初元年（76年）至汉章帝建初三年（78年），在西域。

汉章帝建初三年（78年），班超率领疏勒等国的一万多士兵攻破姑墨国，姑墨归汉。

汉章帝建初三年（78年）至汉章帝建初五年（80年），在西域。

汉章帝建初五年（80年），上书给章帝，提出"以夷狄攻夷狄"的策略。同时，平息疏勒叛乱。

汉章帝建初五年（80年）至汉章帝建初八年（83年），在西域。

汉章帝建初八年（83年），为将兵长史。安抚乌孙，乌孙归汉。

汉章帝建初九年（84年），进攻莎车国，因疏勒王叛变，平叛疏勒王。康居归汉。

汉章帝建初九年（84年）至汉章帝元和三年（86年），在西域。

汉章帝元和三年（86年），斩杀疏勒王忠，彻底平数疏勒国。

汉章帝元和四年（87年），再攻莎车国，莎车归汉。

汉章帝元和四年（87年）至汉和帝永元元年（89年），在西域。

汉和帝永元元年（89年），母亲病故。

汉和帝永元二年（90年），大败大月氏的副王谢，大月氏国归汉。

汉和帝永元三年（91年），任西域都护。废龟兹原国王尤利多，立汉侍子白霸为龟兹王，龟兹、姑墨、温宿归汉。

汉和帝永元四年（92年），长兄班固去世。在龟兹。

汉和帝永元四年（92年）至汉和帝永元六年（94年），在西域。

汉和帝永元六年（94年），进攻焉耆、危须、尉犁，三国归汉。至此，西域五十多个国家都归附了汉王朝。

汉和帝永元七年（95年），朝廷下诏封为定远侯，食邑千户，后人称之为"班定远"。在焉耆。

汉和帝永元七年（95年）至汉和帝永元九年（97年），在西域。

汉和帝永元九年（97年），派甘英出使大秦（罗马帝国）。

汉和帝永元十年（98年），甘英至西海（波斯湾）。

汉和帝永元十年（98年）至汉和帝永元十二年（100年），在西域。

汉和帝永元十二年（100年），甘英从安息返回西域。班超上书朝廷请求回洛阳。

汉和帝永元十二年（100年）至汉和帝永元十四年（102年），在西域。

汉和帝永元十四年（102年）八月，返回洛阳，被任命为射声校尉。

同年九月，班超逝世，享年七十一岁（虚岁）。葬于洛阳北邙山下，与汉光武帝原陵为邻。